Beiträge zur
Hausforschung

Band 7, 1988

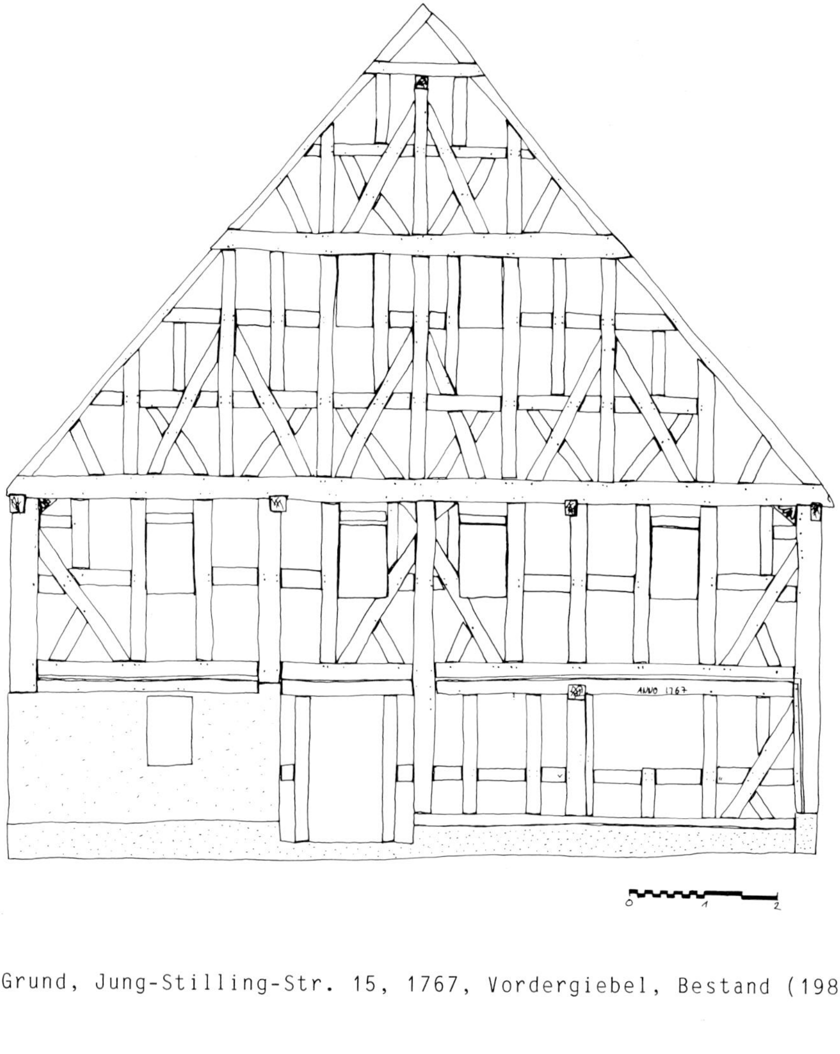

Grund, Jung-Stilling-Str. 15, 1767, Vordergiebel, Bestand (1987)

Annemarie Teepe-Wurmbach

Das Bauernhaus des Siegerlandes

bearbeitet von G. Ulrich Großmann

Beiträge zur Hausforschung, Band 7

Arbeitskreis für Hausforschung

Sobernheim 1988

Umschlag: Nenkersdorf, Siegtalstr. 28

Seite 2: Grund, Jung-Stilling-Str. 15

CIP-Kurztiteleintragung der Deutschen Bibliothek

Beiträge zur Hausforschung: BzHsf / im Auftr. d. Arbeitskreises für Hausforschung hrsg. - Detmold: Arbeitskreis für Hausforschung
Erscheint unregelmäßig.
NE: Arbeitskreis für Hausforschung

Bd. 7. Teepe-Wurmbach, Annemarie: Das Bauernhaus des Siegerlandes. - 1988

Teepe-Wurmbach, Annemarie:
Das Bauernhaus des Siegerlandes / Annemarie Teepe-Wurmbach. Bearb. von G. Ulrich Großmann. Arbeitskreis für Hausforschung Sobernheim. - Sobernheim: Arbeitskreis für Hausforschung, 1988
(Beiträge zur Hausforschung ; Bd. 7)
Zugl.: Münster (Westfalen), Univ., Diss., 1955
ISBN 3-926157-o4-6
NE: Grossmann, Georg Ulrich (Bearb.)

Herausgegeben von Joachim Hähnel im Auftrag des Arbeitskreises für Hausforschung e.V.: Geschäftsstelle und Verlagsadresse Freilichtmuseum Sobernheim, 6553 Sobernheim/Nahe, Postfach 261
Herstellung: Merkur-Druck, Detmold, 1988

ISBN 3-926157-o4-6

Inhalt

Beienbach, Haus Müller, rekonstruierender Querschnitt

Einleitung

Die kleine hauskundliche Arbeitsgemeinschaft des Siegerländer Heimatvereins, die 1951 ins Leben gerufen wurde, hatte sich zunächst nur zum Ziele gesetzt, einige heimatkundlich interessierte Menschen mit der bodenständigen Bauweise bekannt zu machen. Es stellte sich jedoch schon nach einigen Wanderungen durch die Siegerländer Dörfer heraus, daß diese Hauslandschaft reicher an Bauformen ist als erwartet worden war.

Bisher hatte man die Siegerländer Bauernhäuser rein äußerlich eingeteilt in giebelständige niederdeutsche und traufständige mitteldeutsche Formen (1) und allenfalls schon eine Umbauform erkannt, bei der man den ursprünglichen Giebeleingang an die Traufseite verlegt hatte (2). Auf die zahlreichen Mischformen hatte bisher niemand geachtet, zumal sie sich erst im Haus-Inneren erkennen lassen. Für die Arbeitsgemeinschaft entwickelte sich ein reiches Untersuchungsfeld.

Ort für Ort wurde aufgesucht. Dabei ergaben sich Hausgrenzen innerhalb des Landes. Die Arbeit wurde besonders erschwert, weil der Altzustand der Häuser nur noch in vereinzelten Fällen erhalten ist. Im ersten Viertel dieses Jahrhunderts sind fast alle Bauernhäuser umgebaut worden. Es ist daher höchste Zeit, den einzelnen Haustypen des Siegerlandes Aufmerksamkeit zu schenken, ehe sie ganz aus der Landschaft verschwunden sind und keine Erinnerung mehr an ihr ursprüngliches Aussehen besteht.

Schmoeckel (3) und Schepke (4) beschreiben zwar das Siegerländer Bauernhaus, werden aber seinem Formenreichtum nicht ganz gerecht. Schmoeckel unterscheidet, wie oben bereits bemerkt, "giebelständige Langhäuser" niederdeutscher und "längsständige Breithäuser" mitteldeutscher Bauart (5). "Für den größten Teil der Bauernhäuser" nimmt er einen Mischtyp an, "der im Ganzen dem sächsischen (niederdeutschen) näher steht als dem fränkischen" (mitteldeutschen) (6). Hiermit meint er das giebelständige Haus mit einem Mittellängs-Flur, dessen Beschreibung den größten Raum seiner Untersuchung einnimmt. Er übersieht, daß dem traufseitig aufgeschlossenen, quergeteilten Hause und den Mischformen zwischen beiden Hausarten eigentlich eine ebenso große Bedeutung zukommt. Es scheint, als ob Schmoeckel in seinem Buche im Wesentlichen nur

auf seine engere Heimat, das Netphener Land eingegangen ist, eine Hauslandschaft, in der in der Tat das giebelständige Haus vorherrscht. Die übrigen Teile des Siegerlandes, in denen oft andere Hausformen überwiegen, kommen m.E. zu kurz.
Schepke nennt dreierlei Typen des Siegerländer Hauses (7), den "Mittellängsdielentyp", den "Afsietentyp" und das "Arbeiterhaus". Er verschweigt gänzlich die traufständige mitteldeutsche Form des Bauernhauses. Diese Art schreibt er nur dem Arbeiterhaus zu, das jedoch eine Kümmerform darstellt mit sehr schmalem Hausflur, ohne Wirtschaftsräume (8).
Unter dem "Mittellängsdielentyp" versteht er das giebelständige Haus mit längslaufendem Hausgang, zu dessen beiden Seiten die Räume liegen. In wie weit die Schepkesche Bezeichnung "Diele" für diesen Hausflur gerechtfertigt ist, soll im Laufe dieser Arbeit noch gezeigt werden.
Das "Afsietenhaus" ist ein Haus mit Mittellängs-Gang und seitlichem Anbau unter der verlängerten Dachschräge. Es scheint nicht gerechtfertigt, hier von zwei verschiedenen Haustypen, dem "Mittellängsdielentyp" und dem "Afsietentyp" zu sprechen, das Haus mit Afsiete ist vielmehr als Abart des Hauses mit Mittellängs-Flur anzusehen, die übrigens nur sehr vereinzelt im Siegerland vorkommt und aus diesem Grunde schon nicht als Siegerländer Haustyp angesprochen werden kann.
Das Siegerland, der heutige Südzipfel Westfalens, ist altes nassauisches Gebiet, das erst 1817 der Provinz Westfalen angegliedert worden ist. Von dem im Norden und Nordwesten angrenzenden südlichen Kreis Olpe war es von jeher getrennt, nicht nur durch die schroffen Abhänge des Rothaargebirges, die Wasserscheide zwischen Sieg und Lenne, sondern auch durch einen mit dichtem Gebüsch bewachsenen Grenzwall, die sogenannte "Kölnische Hecke", die alte Scheide zwischen Kur-Köln und Nassau-Siegen. Trotz dieser scharfen Grenzziehung hat es von alters her Beziehungen zwischen hüben und drüben gegeben.
Bereits im 11. Jahrhundert erfährt das Siegerland eine Besiedlung aus dem sauerländischen Gebiet (9), die wahrscheinlich von grundherrlicher Seite ausgeht (10). Es hatten nämlich vier Sauerländer Adelsfamilien Grundbesitz im Siegerland (11).
Ferner sind die Beziehungen der Siegener Landesherren zu Köln von

einiger Bedeutung. Die ältesten bekannten Siegener Münzen aus der zweiten Hälfte des 12. Jahrhunderts zeigen kölnischen Prägestil (12). Im Jahre 1224 tritt der Nassauer Graf Heinrich II. die Hälfte von Siegen, von Münze, Zoll und allen Rechten an den Erzbischof von Köln ab. Diese Gemeinschaft hat bis zum 15. Jahrhundert bestanden (13).

Es ist selbstverständlich, daß durch die Einwanderungen aus dem Sauerlande und durch die politischen Beziehungen zu Kur-Köln auch kulturelle Einflüsse von Norden und Nordwesten her ins Siegerland gedrungen sind. Trotzdem läuft über den Kamm des Rothaargebirges, sich ungefähr mit der politischen Grenze deckend, die bedeutendste deutsche Sprachgrenze, die Benrather Linie, die das Niederdeutsche vom Mitteldeutschen trennt. Der Sprachunterschied ist so scharf, daß sich die Bewohner diesseits und jenseits der Grenze oft schwerlich in ihrer Mundart verständigen können. Mit dieser Sprachgrenze deckt sich nach Peßler im Bereich des Sieger- und Sauerlandes auch die Hausgrenze zwischen mittel- und niederdeutscher Bauform (14). Der Unterschied in den Haustypen ist jedoch bei weitem nicht so kraß wie der in den Mundarten. Das hat bereits Peßler erkannt (15), der schon einsieht, daß "Einwirkungen von beiden Seiten über den Gebirgskamm des Rothaargebirges stattgefunden ... haben"(16). Schmoeckel (17) hat diese Vermutung Peßlers aufgegriffen und beweist den großen Einfluß der niederdeutschen Bauweise auf das Siegerländer Haus im einzelnen. Auf Grund seiner Untersuchungen rechnen auch Steinbach (18), Rees (19), Schepke (20) und Schepers (21) das Siegerland zum niederdeutschen Baubereich.

Schmoeckel erkennt, daß es keine schroff gezogene Grenze gibt zwischen nieder- und mitteldeutscher Bauart. Es handelt sich vielmehr um ein Linienbündel, das alle Übergangsformen umfaßt (22). Beide Bauarten gleichen sich "kaum merklich an, beeinflussen sich gegenseitig und schieben sich ineinander" (23). Das hat Schmoeckel zwar bereits vortrefflich gesehen, aber im übrigen geht er nicht auf dieses Ineinandergreifen ein. Seine Arbeit bleibt rein deskriptiv und beschränkt sich, wie bereits gesagt, fast nur auf die niederdeutsche Bauform.

Aufgabe der nachfolgenden Untersuchung ist, Gestaltung und Wandel der Siegerländer Hauslandschaft darzustellen, eines Gebietes, in dem sich mittel- und niederdeutsche Baueinflüsse überschneiden. Grenz- und Übergangsgebiete sind stets für die Erschließung kulturgeschichtlicher Zusammenhänge von besonderer Bedeutung, weil in diesen Landschaften noch Leben und Entwicklung der Dinge herrscht. Hier werden Kulturströmungen sichtbar. Es ist stets mehr Wert auf die Mischformen zu legen als auf die reinen Typen, die oft nur "wissenschaftlich abstrahierte Grundformen" und "kaum jemals Fleisch geworden sind" (24). Um Wiederholungen mit der Arbeit Schmoeckels weitgehend zu vermeiden, sollen Beschreibungen des Hauses und seiner Einrichtung auf ein Mindestmaß beschränkt und nur durchgeführt werden, so weit sie die Beziehungen des Siegerländer Bauernhauses zum niederdeutschen Hallenhaus einerseits und zum mitteldeutschen Ernhaus andererseits deutlich werden lassen.

Um die Fülle der Mischtypen und ihr Verhältnis zu den reinen Formen zu veranschaulichen, können Verallgemeinerungen und Überspitzungen nicht immer vermieden werden. Es wird jedoch nach Möglichkeit versucht, ein getreues Bild der Hausformen des Siegerlandes zu zeichnen.

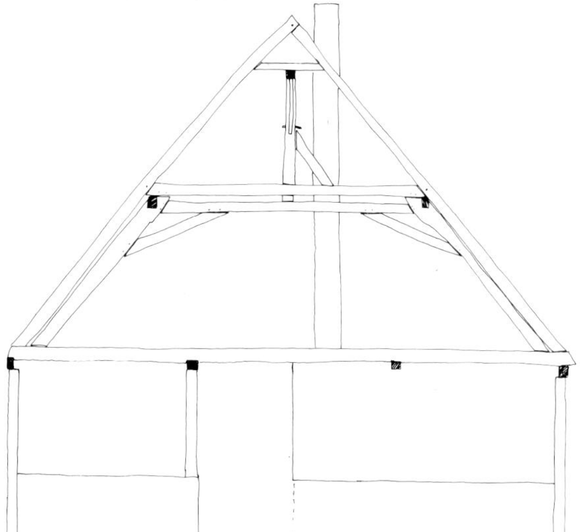

Grund, Jung-Stilling-Str. 15, Querschnitt, Bestand (1987)

I Das Siegerländer Haus in archivalischen Quellen des 16. Jahrhunderts

Die baugeschichtlichen Denkmäler des Siegerländer Bauernhauses reichen nicht weiter zurück als bis zum Anfang des 17. Jahrhunderts und sind selbst aus dieser Zeit noch sehr spärlich. Einen kleinen Einblick in die hausbaulichen Verhältnisse des 16. Jahrhunderts gewähren jedoch die Schatzungsregister der Siegerländer Ortschaften aus dem Jahre 1566. Abgesehen von einer Wilgersdorfer Schatzung von 1542 (25) sind es die ersten Verzeichnisse, die eine vollständige Aufführung des Bestandes an Gebäuden, Ländereien und Vieh der einzelnen Siegerländer Steuerzahler enthalten. Man muß sie zwar mit etlicher Vorsicht betrachten, da Angaben für eine Steuerbehörde nicht immer restlos zuverlässig sind, aber im großen und ganzen werden sie doch ein einigermaßen richtiges Bild von den Wohnverhältnissen des 16. Jahrhunderts geben. Aus früherer Zeit stehen leider keine Archivalischen Quellen zur Verfügung, die Einzelheiten über die bäuerliche Wohnweise berichten. Da auch im 16. Jahrhundert Aussagen über einfache Bauernhäuser selten sind - die meisten Archivalien befassen sich mit den Herrenhöfen und Adelssitzen - wird dieses Kapitel fragmentarischen Charakter behalten müssen.

Während heute ausschließlich das Einhaus, sei es mittel- oder niederdeutschen Gepräges, im Siegerland verbreitet ist, scheint nach den Schatzungsangaben um die Mitte des 16. Jahrhunderts die Mehrhausanlage in den meisten Teilen des Landes vorgeherrscht zu haben (26). In den Registern kommt nämlich ein einziges Haus als Besitz verhältnismäßig selten vor, abgesehen vom Nordteil des Siegerlandes. An Gebäuden, die zu einer Hofstadt gehören wird aufgeführt das Wohnhaus mit seinen Nebengebäuden verschiedenster Art, unter denen die Scheune selten fehlt, oder die Gesamtheit der zu einem Hofe gehörenden Häuser wird schlechthin mit "Beue" (Bäue) oder "Beuchen" (Bäuchen) bezeichnet (27).

Die Schatzung des Ortes Unglinghausen im damaligen Amte Netphen soll das verdeutlichen (28):

Johann N.

hauß, hofstatt	20 fl (29)
feldt	48 fl

garten		10 fl
haugberg		10 fl
1 rindt		2 fl
soll geben	20 Alb.	
Truden Heynchin		
hauß und hofstatt		10 fl
feld		10 fl
haugberg		12 fl
Besserung auf kirchengut		10 fl
1 Khu, 1 Schwein		5 fl
ist verarmt, bleibt bey	5 bazen	
Cuntzgins Heyderich		
Beuche und hobstette		30 fl
Wiesen		80 fl
feldt		44 fl
haugherg		40 fl
1 Pferdt		10 fl
3 Khüe, 3 rindt, 4 schafe, 3 schwein		23 fl
soll geben	3 fl	
Hannß Vheder		
beuche und hofstatt		20 fl
Wiesen		50 fl
feldt		32 fl
garten		10 fl
haugberg		20 fl
3 kühe, 1 rindt, 2 schaf, 2 schwein		17 fl
soll geben	1 fl 20 alb.	
Cunzgins Henn, ein scheffen		
beuche und hobstett		50 fl
wiesen		250 fl
feld		224 fl
garten		10 fl
haugberg		100 fl
3 Pferde		40 fl

9 Kühe		36 fl
6 rindt		12 fl
38 schaf		19 fl
6 schwein		6 fl
Pfandschafft (30)		103 fl
ist in dieser anlage gesetzt auff		9 fl
Hanß Mauch		
hauß, scheueren und hobstette		46 fl
wiesen		120 fl
feldt		112 fl
garten		10 fl
haugberg		40 fl
1 Pferdt		20 fl
8 khüe		32 fl
2 rindt		4 fl
36 schafe		18 fl
8 schwein		8 fl
Pfandschafft		68 fl
soll in dieser anlage steuern	5 fl	
Sibell		
hauß, scheuren, hobstatt		24 fl
hat nur ein antheil am hauß		
wiesen		20 fl
feldt		8 fl
garten		5 fl
besserung aufm kirchenguth		
5 kühe, 3 rinder, 4 Schaf, 4 Schwein		32 fl
soll in dieser Anlage steuern	2 fl	20 alb.
Johann Hohl		
sein hauß steht auff Kirchenguth		26 fl
Wiesen		20 fl
Feldt		24 fl
Haugberg		10 fl
2 Kühe, 1 Rindt, 2 Schwein		12 fl
soll geben	1 fl	

Henn Nassauer

Hauß und hofstatt sampt scheurer		
und Schopffen		40 fl
Wiesen		50 fl
Feldt		32 fl
haugberg		30 fl
Besserung aufm Kirchenlehn		
5 Kühe		20 fl
3 Rinder		6 fl
2 Schafe, 3 Schweine		4 fl
Ist schuldig, bleibt bey	2 fl	

Henn Kyll

Hauß, scheurer und backhaus mit		
den hobstetten		15 fl
Wiesen		15 fl
feldt sein undt seiner		64 fl
garten geschwistern		16 fl
Haugberg		20 fl
1 Pferdt		6 fl
5 kühe		20 fl
6 schweine		6 fl
austendige schulden		21 fl
sollen verlegen	3 fl	

Rupell Scheiden

Hauß, scheurer mit hobstett		30 fl
Wiesen		100 fl
feldt		45 fl
garten		10 fl
Haugberg		30 fl
1 Pferdt		8 fl
6 Khüe, 2 Rinder		28 fl
6 schaf, undt 4 schwein		7 fl
Pfandschafft		18 fl
Soll geben	3 fl, 6 alb., 6 Pfg.	

Cuntz Rademacher	
Haus und hofstatt	15 fl
Wiesen	25 fl
feldt	24 fl
garten	2 fl
Haugberg	10 fl
2 Kühe	8 fl
Wirdt gelassen bey 20 Alb., 2 Pfg	

Lorentz		
Sitzt auf J. Vältins zu Heße selig hoff		
eigen Wiesen		50 fl
Besserung aufm hoff		
2 Pferde		38 fl
8 Kühe		32 fl
6 Rinder		12 fl
18 schafe		9 fl
8 Schweine		8 fl
soll geben	2 fl, 6 Alb. 6 Pfg.	

Hobhannes		
Sein hauß, scheurer und hobstette		40 fl
Wiesen		60 fl
feldt		48 fl
garten		10 fl
haugberg		30 fl
1 Pferdt		10 fl
7 Kühe		28 fl
2 Rinder		4 fl
6 Schafe, 7 Schweine		10 fl
Pfandschafft		48 fl
soll verlegen	4 fl	

Ihr schäffer	4 Bazen

Die Unglinghauser Schatzung weist in der Bezeichnung der zur Hofstatt gehörenden Gebäude sämtliche in den übrigen Verzeichnissen vorkommenden Formen auf: Das Einhaus und die Gehöftanlage, deren Gesamtheit der Gebäude entweder als "Beuche" bezeichnet wird oder deren Häuser einzeln aufgeführt werden. Im letzteren Falle handelt es sich meistens um Wohnhaus und Scheuer, hinzu kommen in Unglinghausen je einmal ein "Schopfen" und ein "Backhaus". In anderen Siegerländer Ortschaften kommen außerdem vereinzelt vor: Stall, Speicher, Keller, Cammer (Cammerbeuchen oder Cämmerchen) und Fruchtkasten.

Die Scheune ist in damaliger Zeit als selbständiges Gebäude aufzufassen. War sie einmal ausnahmsweise - wie es heute die Regel ist - mit dem Wohnhause verbunden, wurde es ausdrücklich erwähnt, ein Zeichen dafür, daß diese Zusammengehörigkeit eine Besonderheit war.

In den Registern von 1566 kommen Scheune und Wohnhaus unter einem Dach nur zweimal vor. In Dreisbach im Amte Netphen besitzt Hermann Latsch ein "Hauß und Scheuer einander", die mit 5 fl eingeschätzt werden (31). Ebenso gab es damals in der Gemeinde Mausbach ein "wonhaus und eine scheuer darahn" (32).

Heutzutage ist die Scheune als selbständiges Gebäude im Siegerland sehr selten und abgesehen vom Südzipfel des Landes, dem Freien Grunde fast nur noch bei Pfarrhäusern und Gutshöfen anzutreffen (33). Sie mußte bereits vor rund hundert Jahren eine Seltenheit gewesen sein, denn in einer Statistik aus den Jahren 1860-1865 heißt es: "Besondere Scheunen sind auf dem Lande bei der Kleinheit des Wirtschaftsbetriebes selten vorhanden, Heu und Stroh werden auf den Dachräumen aufbewahrt" (34). Das Verschwinden der selbständigen Scheune hat allerdings nichts mit dem Rückgang der Landwirtschaft in den letzten Jahrhunderten zu tun, wie leicht angenommen werden kann. Ein Scheunengebäude müßte sonst in den Gebieten mit reiner Landwirtschaft, in den entlegenen Dörfern des Netphener Landes z.B., erhalten geblieben sein, zumal die landwirtschaftlichen Erträge durch Kunstdünger und vollkommenere Arbeitsgeräte in dieser Zeit gesteigert worden sind. Es handelt sich vielmehr um einen Unterschied in der Bauweise. Die alte Vielhausanlage ist in den letzten Jahrhunderten verschwunden, das Einhaus hat sich herausgebildet.

Man darf sich die Scheune des 16. Jahrhunderts nicht als einen primitiven Bau vorstellen. Sie wird in aller Regel oft ebenso sorgfältig gebaut gewesen sein wie das Wohnhaus. Nur selten ist

der Wert einer Scheune für sich allein angegeben, da bei der Schatzung meistens die Hofstatt mit allen ihren Gebäuden zusammengefaßt worden ist. Wird eine Scheune jedoch einmal gesondert geschätzt, so entspricht ihr Wert oft dem eines einfachen Wohnhauses. Scheunen von 12 bis 20 Gulden sind keine Seltenheit.
In Dreisbach (Amt Netphen) ist eine Scheune mit 12 Gulden höher eingeschätzt als das dazugehörige halbe Wohnhaus von 9 Gulden (35). Das "andere halb haus" wird "Sambt hobstatt und Scheuer" mit nur 13 Gulden bemessen. Die Scheune scheint im ersten Falle getrennt vom Wohnhaus aufgeführt worden zu sein, weil sie wertvoller und infolgedessen wohl auch besser erhalten ist als das Haus. Im Gegensatz dazu wird die zur anderen Haushälfte gehörende Scheune sich nicht durch besonders guten Erhaltungszustand vom Wohnhause unterschieden haben.
Der Viehzucht kam im Siegerlande im 16. Jahrhundert große Bedeutung zu. Die erste Viehzählung 1563 zeigt den hohen Bestand von 132 Stück Rindvieh auf 100 Einwohner (36), 1925 dagegen waren es nur noch 13,7 Stück auf die gleiche Einwohnerzahl wie oben (35). Trotzdem kommt im 16. Jahrhundert ein Stall als selbständiges Nebengebäude sehr selten vor, und wenn er aufgeführt wird, handelt es sich meistens um einen Schaf- und seltener um einen Pferdestall. Man kann annehmen, daß bei größeren Anwesen das Vieh im Wohnhaus oder vielleicht auch zuweilen in der Scheune untergebracht war. Wo jedoch in einem der armseligen Häuschen, die oft nicht mehr oder gar weniger Wert sind als eine Kuh, noch Raum für Vieh sein konnte, ist fraglich. Man darf zwar aus dem angegebenen Wert der Häuser nicht allein auf die Größe des Gebäudes schließen, da ja bei der Taxierung ebenso gut der Erhaltungszustand eine Rolle spielt, jedoch kann trotzdem mit einiger Sicherheit angenommen werden, daß in den meisten Fällen die sehr niedrig geschätzten Häuser auch in ihrem Umfang zu wünschen übrig gelassen haben.
In Eckmannshausen (Amt Netphen) besitzt "ein einzelne Persohn" bei ihrem "Heußgin mit der Hobstatt" von 2 Gulden noch eine Kuh (37), und der bereits erwähnte Hermann Latsch mit seinem Wohn-Scheunenhaus von 5 Gulden nennt noch drei Kühe, ein Rind, drei Schafe und ein Schwein sein eigen (38). Besitzer mit Häusern im Werte von 10 Gulden, denen mehrere Kühe, Rinder, Schafe,

Schweine, ja oft auch ein Pferd angehören, sind nicht selten. Es ist kaum anzunehmen, daß sämtliches Vieh in diesen kleinen und kleinsten Häusern seine ständige Bleibe hatte. Im Sommer lebte es wahrscheinlich unter freiem Himmel und fand im Winter vielleicht zum Teil nur in leichten Verschlägen vor der Witterung Schutz (39). Lehrke (40) führt eine den Hausbau betreffende hessische Landesverordnung von 1532 an, in der die Holzmengen für den Bau von Wohnhaus, Scheune und Stall angegeben werden. Für den Stallbau wird sehr wenig Holz berechnet, "obwohl gerade der Stall wegen der zerstörenden Wirkung des Stalldunstes am wenigsten wieder verwendungsfähiges Altholz lieferte" (41). Lehrke schließt daraus, daß es sich nur um Baumaterial für den Schweinestall handelt. Das andere Vieh sei bereits im Wohnhause untergebracht. Das geht jedoch aus der Verordnung nicht hervor. Vielleicht ist der Stall auch hier nur ein lockerer Verschlag, für dessen Bau nur wenig kräftiges Holz benötigt wird. Welchen Haustieren er als Unterschlupf diente, bleibt dahingestellt.
Schuppen als selbständige Gebäude sind selten. Sie sind meistens Vorratsräume für Holzkohlen der Hüttengewerken (42). Im allgemeinen wird sicherlich ein Teil der Scheune als Schuppen gedient haben, wie es heute noch üblich ist.
Backhäuser kommen durchweg nur bei größeren Besitzungen vor. Oft dienen sie gleichzeitig auch als Brauhaus. Das zeigen einige Inventare des 16. Jahrhunderts. Im Backhause des Stiftes Keppel werden 1563 Malz und Hopfen aufbewahrt (43), in einem Siegener befindet sich 1567 der Braukessel (44), und ebenso enthält das Backhaus des Gutes Freudenberg 1572 außer dem "Backdroch" noch zwei "Braubudden" (45).
Der geringe Bestand an Backhäusern in den Siegerländer Ortschaften - für viele ist nicht einmal ein einziges Backhaus erwähnt - kann einerseits auf das Vorhandensein von Backhausgenossenschaften hinweisen, die heute im ganzen Lande üblich sind, andererseits aber auch auf einen Backofen im Wohnhaus. Diese Einrichtung ist heute zwar nirgendwo mehr im Siegerland zu finden, aber vereinzelt kann man sich noch daran erinnern, daß ein Backofen an die Außenwand der Küche gebaut war, der mit seiner Lehmkuppel, über der sich ein kleines Satteldach erhob, ins Freie ragte (46). Er wurde von der Küche aus geheizt. Diese Backöfen innerhalb des

Hauses scheinen im 16. Jahrhundert noch allgemein üblich gewesen zu sein, denn die Holz- und Waldordnung Graf Johanns zu Nassau aus dem Jahre 1562 gebietet erst die Aufrichtung von besonderen Backhäusern. Es sollen in jedem Dorf "Gemeinde Backöfen" angelegt werden (47). Die Einrichtung gemeinschaftlicher Backstätten wurde notwendig, als sich mit zunehmender Besiedlungsdichte die Gefahr der Ausbreitung von Feuersbrünsten in den Ortschaften steigerte. Es mußten darum die feuergefährlichen Backöfen in den Häusern abgeschafft werden. Die Genossenschaftsbackhäuser wurden abseits von den übrigen Gebäuden errichtet, entweder in der Mitte des Dorfes oder am Ende, an einem Weiher oder einem Wasserlauf. Das drückt eine Nassauisch-Katzenellnbogische Polizeiverordnung aus dem Jahre 1619 deutlich aus: "Backhäuser und Schmnieden sollen in den Dörfern außer dem Ort am Wasser seyn" (48).

An Vorratsgebäuden kommen in den Schatzungsregistern von 1566 vor: Speicher, Kammer, Keller, Fruchtkasten. Kammer und Keller sind als selbständige Gebäude aufzufassen. Kammer hat häufig im Neuhochdeutschen den Sinn von Vorratskammer (49). Hier ist sie allerdings stets ein Raum innerhalb des Hauses. In den Siegerländer Schatzungsregistern ist sie jedoch ein kleines Nebengebäude. Sie wird ein ähnliches Gebäude sein wie der Speicher oder der Fruchtkasten, ein Aufbewahrungsraum, wahrscheinlich für die Kornfrüchte.

Ein "Kellerbäuchen" ist noch erhalten in Ölgershausen (Abb. 1). Es diente ursprünglich als Lagerraum für die Hackfrüchte, und sein Dachraum als Getreidespeicher. Das Gebäude ist aus Bruchsteinen errichtet. Über den zum Teil in die Erde eingetieften Mauern erhebt sich ein steiles Satteldach mit einer Fristpfette, die von zwei Säulen getragen wird. Die Firstsäulen sind auf dem Mauerwerk abgefangen. Heute ist das auf der Abbildung dargestellte Strohdach einer Ziegelbedachung gewichen.

Keines dieser Vorratsgebäude, die bereits in vorgeschichtlicher Zeit eine Rolle spielten, hat heute noch im Siegerland seine Selbständigkeit. Sie sind eins geworden mit dem Wohnhaus, das einst auch den Stall in sich aufgenommen hatte (50). Daß sie bereits im 16. Jahrhundert größtenteils mit dem Haupthaus verbunden waren, beweist ihr geringes Vorkommen in jener Zeit. Auf Karte I (Abb. 61) ist ihre damalige Verbreitung festgehalten. Es kommen

noch vor:
Speicher: viermal (einmal in Sohlbach, zweimal in Hilchenbach, einmal in Eiserfeld)
Keller: zweimal (je einmal in Dreis-Tiefenbach und Ferndorf)
Kammer(beuchen): 17 mal (je einmal in Ruckersfeld, Obersdorf, Eiserfeld, Rinsdorf, Eisern, Büschergrund, Trupbach und Niederholzklau, viermal in Wilnsdorf, dreimal in Oberdielfen, zweimal in Niederschelden)
Fruchtkasten: einmal und zwar in Trupbach.
Leider sind die Belege zu spärlich, um aus ihrer Verbreitung nähere Schlüsse ziehen zu können. Wir erkennen nur, daß im Nordzipfel des Landes, dem Gebiet, in dem das Einheitshaus bereits am weitesten verbreitet ist, kein selbständiges Vorratsgebäude mehr vorkommt. Auffallend ist ferner die Häufung des Auftretens der Kammergebäude im südlichen Siegerlande. Der Süden scheint also im 16. Jahrhundert noch reicher an Nebengebäuden gewesen zu sein. Hier ist die Mehrhausanlage noch am meisten ausgeprägt. Die Einbeziehung der Nebengebäude ins Haupthaus ist noch am wenigsten fortgeschritten.
Nicht immer werden die Gebäude im einzelnen aufgezählt. Vor allem im östlichen Siegerlande ist es üblich, die Gesamtheit der Gebäude schlechthin mit "Beuchen" oder "Beu(w)e" zu bezeichnen. Der geschätzte Wert dieser "Beuchen" schwankt zwischen 1o und 100 Gulden, arme Leute mit wenig Vieh und wenig Landwirtschaft ebenso wie große Bauern können die Besitzer sein.
In Dreisbach (51) besitzt z.B.:
Heilmann Hammerschmidt

Seine beuche und hobstette	12 fl
Wiesen	5 fl
felder	4 fl
Garten	3 fl
Hauberg	1 fl
3 Kühe, 1 Rind, 2 Schafe, 2 Schweine	17 fl

Demgegenüber besitzt Franz der Scheffen im gleichen Ort:

Beuwe und hofstette	100 fl
Wiesen	200 fl
Felder	62 fl
Hauberg	20 fl

1 Ölgershausen, Kellerbäuchen (Helmut Richter)

1 Pferd, 8 Kühe, 6 Rinder, 7 Schafe, 7 Schweine
Kohlenvorrat (52) 50 fl

Bei der unterschiedlichen Bewertung der "Beue" handelt es sich gewiß außer ihrem mehr oder weniger guten Zustand um die verschieden große Anzahl der zu einem Hof gehörenden Gebäude. Es liegt auf der Hand, daß z.B. der reiche Franz mit den großen Ländereien und dem beträchtlichen Vorrat an Holzkohlen mehr Lagerraum benötigt als Heilmann Hammerschmidt mit seinem wenigen Besitztum.

Folgend Schatzung aus Osthelden im Amte Ferndorf (53) beweist, daß man unter den "Beuchen" die Gesamtheit der Gebäude auf einem Hofe versteht.

> "Klappern Jacob
> Sein hauß, gebeuche und hobstette stehen zum 4. Theil dem Kloister Keppel zu und seiner Schwester Hillen ein vierthen Theil..."

Daneben steht folgende Randbemerkung:

> "Wohnhauß und Backhauß helde er vor sein eigen 30 fl. Aber die Scheuer und Schafstall stehen zum vierthen Theil dem Kloister Keppel zu".

Die "Gebeuche" sind also hier Backhaus, Scheuer und Schafstall. - Häufig im östlichen Amte Netphen und vereinzelt in den anderen Ämtern wird auch das Wohnhaus mit in den Komplex der "Beuchen" einbegriffen, wie die beiden oben bereits angeführten Dreisbacher Beispiele zeigen. Zuweilen kann "Beuchen" als Singularform das Wohnhaus allein bezeichen. Curdts Henchin aus Afholderbach (Amt Netphen) "hat nur ein beuchgin", das mit fünf Gulden angeschlagen ist (54). Es muß ein erbärmliches Hüttchen gewesen sein, das nur einen Gulden mehr als eine Kuh wert ist. Albert Schmidt aus Eckmannshausen (Amt Netphen) wird dagegen ein ansehnliches "Beuchen" besessen haben, denn es wird auf 30 Gulden geschätzt: "Sein beuche, nemlich das hauß, steht auff u.gn. H. guth 30 fl (55). Diese beiden Beispiele zeigen, daß "Beuchen" als Wohnhaus eine armselige Hütte sowohl wie ein stattliches Haus bezeichnen kann.

Nicht immer ist "Beuchen" ein beliebiges Gebäude schlechthin. Des öfteren wird neben dem Haus und der Scheune noch ein "Beuchen" aufgeführt. Es unterscheidet z. B. die Littfelder Schatzung (Amt Ferndorf) (56) bei Martin Strauß "sein Hauß, gebeuche, Hoff, Hofstette, Scheuren, Schopfen". Es ist nicht eindeutig, was hier unter "Gebeuche" verstanden werden soll. Vielleicht darf man in ihm einen Stall vermuten, da der Besitzer sehr viel Vieh sein eigen nennt: 2 Pferde, 25 Kühe, 21 Rinder, 28 Schafe und 13 Schweine.

Thilchen vf der Widenbach aus Öchelhausen (Amt Netphen) besitzt außer seinem Hause und einer Scheune drei "Beuchen", die insgesamt mit 15 Gulden veranschlagt sind (57). Auch hier bedeuten die "Beuchen" weder das Wohnhaus noch die Scheune. Sie werden Stall- oder Vorratsgebäude sein. Noch heute steht in der Nähe des Wittgensteiner Ortes Feudingen ein Speichergebäude aus der 1. Hälfte des 18. Jahrhunderts, das seine Besitzer "§ Bäuche" nennen (58). Die Bezeichnung "Beuchen" für einen Speicher ist also noch heute für das ans Siegerland grenzende Wittgensteinische belegt. Im Siegerlande selbst allerdings ist das Wort nur noch in Zusammensetzungen als Kellerbäuchen (59) oder Holzbäuchen (60) gebräuchlich. Man fragt sich, warum einmal die Gesamtheit der zum Hof gehörenden Gebäude mit "Beuchen" bezeichnet wird und ein ander Mal die Gebäude einzeln aufgeführt werden.

Die Frage kann nicht gelöst werden. Es ist nicht anzunehmen, daß es sich um eine Eigenart des jeweiligen Amtschreibers handelt, wenn auch zunächst das häufigere Vorkommen der "Beuchen" im Amte Netphen gegenüber den anderen Ämtern des Siegerlandes zu dieser Annahme verleiten könnte. Aber auch in den übrigen Schatzungen aus dem Jahre 1566 kommt es vereinzelt vor, daß die Gebäude einer Hofanlage allgemein mit "Beuchen" (61) bezeichnet werden, wenn sich diese Bezeichnungen dort auch bei weitem nicht so häufen wie im Amte Netphen, in dem es Ortschaften gibt, die ausschließlich "Beuchen" als Hausbezeichnung kennen.

Trotzdem unterscheidet der Netphener Schreiber im allgemeinen sehr wohl zwischen den "Beuchen mit der Hobstette", "dem Haus mit der Hobstette" und dem "Hauß, Scheuer usw. mit der Hobstette". Es kommen z.B. vor in Brauersdorf: zweimal Einhäuser, zehnmal "Beuchen", zweimal "Hauß und Scheuer", je einmal "Hauß und Beuche" und "Beuche und Scheuer", in Ruckersfeld: achtmal "Beuche", einmal "Hauß", Cammerbeuche, Schafstall, Scheuer", in Obernetphen:

einmal Einhaus, fünfzehnmal "Beuchen", einmal "Hauß und Scheuer", einmal "Hauß und Beuche". Zum Westen des Amtes hin nimmt die Zahl der mit "Beuchen" bezeichneten Besitzungen merklich ab. In Eckmannshausen gibt es z.B. viermal Einhäuser, zweimal "Beuche", dreimal "Hauß und Scheuer", dreimal "Hauß, Scheuer und Schafstall", und auch das bereits aufgeführte Unglinghausen (62) zeigt kein übermäßig häufiges Vorkommen der "Beuchen" mehr.
Wir sehen an allem, daß es sich bei dem Gebrauch des Wortes "Beuchen" um keine Schreiberwillkür handeln kann. Die Schreiber werden ihre Gründe gehabt haben, wenn sie einen Unterschied machten in ihren Benennungen. Auch Karte I, auf der die Verbreitung der "Beuchen" festgehalten ist, spricht gegen eine willkürliche Setzung der Bezeichnung. Die "beuchen"-reichen Orte ziehen sich an der Ostgrenze des Siegerlandes entlang. Nach Süden und Westen hin kommt "Beuchen" nur noch vereinzelt vor.
Bei der Verwendung der verschiedenen Bezeichnungen spielt auch kein Wertunterschied eine Rolle. Das ist schon öfter gezeigt worden. Es kann sich also nur um einen Unterschied in der Bauweise handeln, aber es wäre gewagt darüber irgendwelche Vermutungen anzustellen.
So viel steht jedoch fest, daß die "Beuchen" einen Altzustand in der Bauform darstellen, denn in den Schatzungen aus der Mitte des 17. Jahrhunderts, also nicht einmal hundert Jahre später, sind die "Beuchen" auch im Amte Netphen in der Minderheit. Daß sie noch vereinzelt vorkommen, ist ein sicherer Beweis dafür, daß es sich nicht um eine Änderung in der Ausdrucksweise handelt.
Nach den Schatzungsverzeichnissen war es im 16. Jahrhundert im Siegerlande - abgesehen vom Nordwestteil - noch durchaus üblich, daß zu einem Bauernhause die getrennt stehende Scheune gehört, selbst bei geringem Besitz. (Die Hütten der ärmsten Bewohner, die wenig Vieh und wenig Ländereien ihr eigen nennen, werden überall und zu allen Zeiten mit einem einzigen Hause ausgekommen sein, das aber nicht als eigentliches Bauernhaus angesprochen werden kann).
Man erkennt, der Bauer speichert seine Ernte damals noch nicht über dem Wohnhause, wie es in Niederdeutschland im 16. Jahrhundert schon durchaus üblich ist. Das Einheitshaus, das Mensch, Vieh und Ernte unter einem Dach birgt, ist in dieser Zeit im

Siegerland noch wenig bekannt. Im allgemeinen herrscht noch die Vielhausanlage, als deren wichtigstes Nebengebäude die Scheune anzusehen ist. Das ist der große Unterschied gegenüber dem niederdeutschen Gehöft, das zwar auch noch eine Zahl von Nebengebäuden kennt, wie Backhaus, Speicher, Schweinestall, dem jedoch ursprünglich die Scheune gefehlt hat. Das Bauerngehöft mit selbständiger Scheune weist nach Mitteldeutschland.
Es kamen jedoch auch schon im 16. Jahrhundert hin und wieder im Siegerlande Einheitshäuser vor. Im Norden des Landes waren sie bereits in der Überzahl (63). Sie sind oft recht stattliche Bauten und das Besitztum reicher Bauern. Solche Häuser mit einem Werte von 40 bis 50 Gulden sind keine Seltenheit. Als Maßstab sei noch einmal der Durchschnittswert von Haus und Scheuer mit 30 Gulden daneben gesetzt. Selten übertrifft eine Gehöftanlage mit mehreren Nebengebäuden den Wert von 50 Gulden. Gegenüberstellungen von Schatzungen von Einhäusern und Gehöften mögen das verdeutlichen.
In Eckmannshausen besitzt Heilamm Grubener Haus und Hofstatt, mit 50 Gulden angeschlagen (64). Im Gegensatz dazu sind Wohnhaus, Scheune, Backhaus, Speicher und Hofreite der Dreina Ruppell aus Sohlbach bei Netphen insgesamt ebenfalls auf 50 Gulden geschätzt (65).
In Littfeld, einem der nördlichen Orte des Siegerlandes, besitzten die reichsten Bauern fast ausschließlich nur ein einziges Haus (66).

Schmolß Heimann	
Haus und Hof	100 fl
Wiesen	75 fl
Acker	24 fl
Garten	10 fl
Hauberg	60 fl
6 Kühe, 3 Schweine	
und Elsa Buben, Müllers Dochter	
Haus und Hof	80 fl
Wiesen	125 fl
Felder	112 fl
Garten	20 fl
Hauberg	60 fl

Hochgewäld	150 fl

1 Pferd, 8 Kühe, 3 Rinder, 4 Schafe, 3 Schweine

Vereinzelt kommen jedoch auch hier Scheunen vor. So besitzt ein großer Bauer,

Dhamen Dilman

Haus und Scheuer mit der Hobstatt	60 fl
Wiesen	75 fl
Acker	64 fl
Garten	20 fl
Hauberg	20 fl
Hochwald	3 fl

1 Pferd, 8 Kühe, 4 Rinder, 7 Schafe, 1 Schwein

Auch hier ist das Haus mit der Scheune geringer bewertet als die oben angegebenen Einhäuser. Für ihre hohe Einschätzung gibt es nur eine Erklärung: Sie sind Neubauten, während die oft weniger hoch angesetzten Vielhausanlagen aus älterer Zeit stammen. Das Einhaus ist also im 16. Jahrhundert das Moderne.

Eine Übersichtskarte (67) über die Verbreitung der einzelnen Hausarten im Siegerland zeigt das Überwiegen der Einhäuser im Nordwestzipfel des Landes, dem Litfetal. Nicht ganz so zahlreich kommen sie im gesamten westlichen Teil vor. Nach Süden und Osten hin wird ihr Vorkommen immer spärlicher. Es scheint, als ob das Einhaus in seiner Verbreitung zunächst an den östlich des Litfe- und unteren Ferndorftals aufsteigenden Höhen Halt gemacht hat. Nach der Mündung des Ferndorfbachs in die Sieg bildet jedoch das Siegtal nicht die weitere Grenze. Hier ist das Einhaus bereits darüberhinaus nach Osten zu verbreitet, denn die Orte Feuersbach und Breitenbach besitzen bereits zur Hälfte Einhäuser.

Die Karte verdeutlicht, daß das Einhaus von Nordwesten her ins Siegerland eingewandert ist. Hier grenzt das Land an das kurkölnische Sauerland, ein altes niederdeutsches Sprach- und Hausgebiet. Es wird sich daher bei dem Einhaus um die niederdeutsche Hausform handeln, die im 16. Jahrhundert begann, sich über das Siegerland auszudehnen, ein Gebiet, in dem bis dahin noch die alte Vielhausanlage heimisch war. Sie war jedoch schon größenteils zusammengeschmolzen in Wohnhaus und Scheune, Die zahlreichen kleineren Nebenbgebäude waren nur noch in Resten erhalten.

Eine lockere Gehöftanlage, wie sie die Schatzungsregister für das Siegerland bis zum 16. Jahrhundert vermuten lassen, nimmt auch Ehemann (68) noch für diese Zeit für die Wetterau und den südwestlichen Vogelsberg an. Seiner Ansicht nach tritt dort erst seit dem Ende des 30-jährigen Krieges die heute in dieser Gegend übliche geschlossene regelmäßige Gehöftanlage auf.
Auch im Waldecker Land scheinen die Scheunen als getrennt stehende Gebäude im 16. Jahrhundert üblich gewesen zu sein, wie die bereits erwähnte Verordnung von 1532 zeigt (69). Selbständige Scheunengebäude waren selbst noch 1757 in manchen Waldecker Orten in der Überzahl (70). - Bierau (71) nimmt an, daß die Scheune im Hunsrück ursprünglich ein freistehendes Gebäude war und erst im Laufe der Zeit an das Wohnhaus angegliedert wurde. Zeitangaben lassen sich seiner Ansicht nach nicht mehr darüber machen.
Nach Heyn (72) haben in Mitteldeutschland im ausgehenden 16. Jahrhundert große bauliche Veränderungen stattgefunden. Er weist auf Bauordnungen aus dem Anfang des 17. Jahrhunderts hin, die sich gegen die aufkommende neue Bausitte wenden, "große stattliche Baue" aufzurichten, und zur Holzsparsamkeit mahnen. Früher erscheinen also kleinere Häuser gebaut worden zu sein, von denen mehrere zu einem Hofe gehören mußten.
Überall in Mitteldeutschland besteht also im 16. und 17. Jahrhundert die Tendenz, aus der ungeordneten Gehöftanlage entweder das Einhaus oder die geordnete Hofanlage herauszubilden. Das gleiche gilt für das Siegerland, mit dem Unterschiede allerdings, daß ein völlig neuer Haustyp dort Aufnahme gefunden hat, der nichts mehr mit der alten Anlage gemein hatte.
Die ursprüngliche Vielhausanlage ist hier von dem von Nordwesten vordringenden niederdeutschen Hause im Laufe des 17. Jahrhunderts mehr und mehr verdrängt worden. Die Schatzungsregister aus dem 17. Jahrhundert (73) zeigen schon die des 16. Jahrhunderts. Die Scheune als selbständiges Nebengenbäude verschwindet zunehmend. Ob das niederdeutsche Einheitshaus bereits in alter Zeit vereinzelt neben der Vielhausanlage im Siegerland vorgekommen ist, kann nicht entschieden werden. Es ist jedoch nicht die bodenständige Hausform gewesen - abgesehen vielleicht vom Nordwestteil des Landes - da im anderen Falle nicht das Überwiegen von Scheunen und weiteren Nebengebäuden im 16. Jahrhundert zu erklären wäre.

Das Haus-Innere

Über Einrichtung und Aufteilung der Häuser im Innern sagen die Schatzungsregister nichts aus. Darüber können nur einige wenige Inventare dürftigen Aufschluß geben, die außerdem nur von größeren Höfen vorhanden sind. Die Einrichtung der kleineren Besitzungen wird nirgenwo erwähnt.
Nachfolgend ist ein Inventar des Hofes Ginsberg aus dem Jahre 1597 wiedergegeben, das die verschiedenen Gerätschaften nach den einzelnen Räumen des Hauses getrennt aufführt, uns also ein Bild von der Raumaufteilung gibt (74).

Inventar, was dem neuen Hofmann Andreas Klein Kauffen auf dem Hof Ginsberg überlassen worden.

In der Stuben

1 eisern Ofen
4 alter Benke
2 Disch
2 Schafft an den Wänden
1 alte Zinnen Maßkanne mit Deckel mit einer Zaute (75)
1 zinnen Maßkanne
1 zinnen Maßkanne samt Zaute

Im Ehren (76)

1 Messingkessel
1 Messingkessel
2 kleine Kesselchen
7 beschlagene Holzeimer
1 Salznapf
10 hölzerne Schüsseln
1 Brunnenkette und Eimer
1 rundes Butterfaß
3 Hacken
2 alte Schaufeln
3 Hackmesser
1 groß eisern Döpfen von 10 Maßen
1 neuer Kupferkessel
1 blecherner alter Ehrenkessel (77)
5 Pfannen groß und klein

1 Messing-Säge
1 Messing Schöpfe
12 neue hölzerne Schüsseln
1 Holzaxt
6 Mistgabeln
1 Harl (78) in der Küchen
2 alte zerbrochene eiserne Döpfe
1 eisern Döpff von 4 Maßen
2 Häffen
3 Wannen, darunter eine Scheuren Wanne (79)
2 Deckel, einer aus Messing
1 großer Deckel
1 Tragzuber
3 Krautbütten
1 Butterfaß
1 Garnschrein
1 Schüssel Korb (80)
2 Henkelbierfässer
1 Hackbrett
1 Butterständer
1 Sieb
1 Trichter

Im Stall

4 Zuber groß und klein
1 Ollernseil (81)
1 Kirnstuhl (82)
29 Milchfässer
3 Bretter, darauf Milch gesetzt wird
1 Flegel
1 Melkstuhl
1 alter Tisch
2 Milchständer

Oben in der Kammer

eine alte Bettlade
3 breite Kalbsfelle
2 breite Kuhheude

In der Keßkammer

10 Fässer

10 Käse (83)
6 Pfund Unschlit
4 hölzerne Schüsseln
Mehl, Fleisch etc.
1 Sichel
14 hölzerne Becken
1 Maß Schmalz

Uff der Laube (84)

1 Kornmaß
1 Habermaß
3 alte Fässer
1 Haspel
2 große Zuber

In der Salzkammer

1 Salzfaß
3 Brechen (85)
74 Eichen- und Buchendielen groß und klein über dem Stall gelegen
9 Mesten Leinsath
Fässer
1 Heugabel
6 Mesten Hampfsaat

Im Hause befinden sich also folgende Räume: Stube und Schlafkammer für Wohnzwecke, Stall und drei Vorratsräume für die Wirtschaft und der Ern, der als Koch- und Wirtschaftsraum eine Zwischenstellung inne hate.

Wir sehen, daß die Wirtschaftsräume im Hause des Hofes Ginsberg entschieden überwiegen. Das Haus hat bereits ein Obergeschoß, denn es wird ausdrücklich erwähnt, daß die Kammer "oben" liegt. Daß es sich um einen etwas erhöhten über einem Keller liegenden Raum handelt, ist nicht anzunehmen, da in diesem Falle der Keller als Raum des Hauses erwähnt worden wäre. Das Haus ist allem Anschein nach noch nicht unterkellert.

Die Vorratsräume, "Keßkammer", und "Salzkammer" liegen wahrscheinlich im Obergeschoß, da sie nach der oberen Kammer aufgezählt werden. Was der Schreiber mit "Uff der Laube" gemeint hat, ist nicht klar. Es stehen hier zwei Deutungen einander gegenüber, die beide ihr Für und Wider haben.

1. Noch heute heißt im Siegener Stadtgebiet, aber auch nur dort,

der Dachboden allgemein Laib (86), eine mundartliche Abwandlung des Wortes Laube. Das Wort kehrt in derselben Bedeutung wieder im Rheinland um die Stadtgebiete Köln - Bonn (87), in Hessen (88) und in Schwaben (89). Man kann annehmen, daß die "Laube" in diesem Inventar ebenfalls als Dachboden anzusprechen ist, zumal dieser Raum an keiner anderen Stelle des Inventars erwähnt wird und doch unbedingt zum Hause gehört. Hier werden außer Fässern und Wannen das Korn- und das Hafermaß aufbewahrt. Das entspricht der Nutzung des Dachraumes beim Hunsrücker Einhaus (90), auf dem sich ebenfalls die Maße für die Frucht befinden, dazu die Mehlwaage, Siebe, Tücher usw.

2. Da jedoch die "Laube" im Ginsberger Inventar zwischen den übrigen Kammern des Obergeschosses eingereiht wird, könnte man in ihr ebenfalls nur einen Raum im oberen Geschoß vermuten, zumal in vielen mitteldeutschen Gebieten der obere Hausgang mit "Laube" bezeichnet wird (91). Das Wort ist heute zwar in diesem Sinne im Siegerland nicht bekannt. Hier heißt der Umlauf vor den oberen Räumen schlechthin Gang (92). Dieser Gang ist bei einem Hause mit einem durch beide Geschosse reichenden Ern so schmal, daß auf ihm keine Geräte untergebracht werden können. Er ist nur eine Innengalerie im oberen Teil des Ern, die den Zugang zu den Räumen gewährt. Anders ist es bei dem Gang eines Hauses, dessen Ern nur eingeschossig ist. Hier entspricht er in seiner Größe, abgesehen vom Treppenraum, dem unter ihm liegenden Ern. Wenn also die "Laube" des Ginsberger Inventars als oberer Hausflur anzusprechen ist, muß der Haus-Ern bereits mit einer Zwischendecke versehen gewesen sein.

Der Raum über dem Stall ist, nach dem Verzeichnis zu schließen, noch nicht ausgebaut, da hier eine große Zahl von Eichen- und Buchendielen ihren Platz haben kann. In späterer Zeit wird über dem Stall das Heu gelagert. Das ist bei diesem Ginsberger Hause noch nicht der Fall. Es scheint überhaupt, als ob sämtliche Erntevorräte außerhalb des Hauses aufbewahrt werden, da sie das Inventar an keiner Stelle erwähnt.

Die Stube bietet in ihrer Einrichtung durchaus schon das Bild einer heutigen einfachen Siegerländer Bauernstube, in der sich auch jetzt noch zuweilen nur der Ofen, der Tisch, zwei eine Ecke bildende Bänke und ein Wandbrett befinden. In der Ginsberger

Stube ist die doppelte Anzahl der Möbelstücke vorhanden. Das ist aus der Größe des Hofes zu erklären. Die Stube ist wahrscheinlich Aufenthaltsraum für Herrschaft und Gesinde zugleich.
Der Ern ist noch nicht im Hausflur und Küche aufgeteilt, denn das "Harl in der Küchen" ist unter den Geräten auf dem Ern geführt. Hier ist der Ern noch als der alte Hauptraum des Hauses zu fassen, in dem sich der größte Teil der im Hause zu verrichtenden Arbeit abspielt. Auf dem Ern sind sämtliche Geräte zu finden, die man zur Haus- sowohl wie zur Feld- und Gartenarbeit benötigt. Er ist Koch- und Abstellraum. Selbst das Garn wird hier aufbewahrt in einer Truhe, dem Garnschrein, der heute in der Stube oder in der Schlafkammer steht. Ebenso haben Eßgeschirr und Schüsselkorb längst in der Stube ihren Platz gefunden, wenn sie nicht in jüngster Zeit wieder in die Wohnküche zurückgewandert sind.
Trotzdem hat in diesem Inventar der Ern schon von seiner Bedeutung als ursprünglicher Haupt- und Feuerraum einen wesentlichen Teil verloren, man kann vielleicht sogar sagen das wesentlichste, denn es wird ausdrücklich erwähnt "das Harl in der K ü c h e n". Damit wird gesagt, daß sich die Feuerstelle, die als unbewegliches Habe im Inventar nicht erwähnt zu werden braucht, nicht auf dem Ern sondern in der Küche befindet. Die Küche wird als der Herdraum angesehen, nicht, wie es ursprünglich war, der Ern. Der Herdraum hat sich zwar noch nicht durch eine Wand vom Ern abgetrennt, aber im Gedanklichen ist diese Trennung bereits vollzogen, indem nämlich der Teil des Ern, auf dem sich die Feuerstelle befindet, mit "Küche" bezeichnet wird.
Auffallend sind die vielen die Milchwirtschaft betreffenden Geräte im Stall. Ein Teil des Stalles wird also als Milchkammer gedient haben. Über seine Lage im Haus ist nichts bekannt. Er hat sich aber mit dem Wohnhaus unter einem Dach befunden, da er im anderen Falle nicht unter den Räumen des Wohnhauses aufgeführt wäre.
In der Schlafkammer steht nur eine einzige Bettstelle. im übrigen hat man wahrscheinlich auf den erwähnten Kuhhäuten und Kalbsfellen geschlafen oder in der Stube auf den Bänken (93). Mit Betten ist es im 16. Jahrhundert allgemein schlecht bestellt gewesen, wie auch aus anderen Inventaren zu schließen ist.
Die "Keßkammer" - Käsekammer - ist wohl der eigentliche Vorrats-

raum, während in der Salzkammer das Fleisch gepökelt wird. Im übrigen werden hier Geräte und Sämereien aufbewahrt.

Die ältesten mir zugänglichen Inventare stammen aus dem Jahre 1541, und zwar sind es Vermögensverzeichnisse der Pfarrhöfe Irmgarteichen, Hilchenbach, Fischbach, Wilnsdorf, Ferndorf, Netphen und Rödgen (94).

In diesen Verzeichnissen werden die einzelnen Räume im Hause nicht angegeben. Man kann jedoch aus ihnen so viel entnehmen, daß in jedem Haus eine Stube mit einem eisernen Ofen vorhanden war. In der Stube des Hilchenbacher Pfarrhauses stand auch "ein Bettladen". Die Geräte sind im allgemeinen die gleichen wie im obigen Ginsberger Inventar.

Im Ferndorfer Verzeichnis ist eine "Kiste auff dem Ehren, da man frucht in thut" erwähnt. Der Ern dient also hier auch als Speicherraum. Das scheint jedoch eine Ausnahme zu sein. da der Ern als Aufbewahrungsort für Früchte sonst nirgendwo erwähnt wird.

Auffallend und abweichend von sämtlichen anderen Siegerländer Inventaren sind Aufzeichnungen aus dem Hilchenbacher und Rödger Pfarrhaus. Im Hilchenbacher Verzeichnis heißt es im Anschluß an die Aufzählung des Viehs: "Item die Krip hab ich verkaufft umb 30 Alb., dagegen gekaufft ein Kuchen (Küchen) (95) unter dem Kacheloffen in batstübgen". In dieser Mitteilung werden dreierlei für das Siegerland seltene Dinge erwähnt: Das (der) Kuchen, der Kachelofen und die Badestube. Badestuben sind im Siegerlande völlig unbekannt, selbst ausführliche Inventare des Siegener Schlosses kennen sie nicht (96 und 4o1). Spekulationen über dieses einmalige Vorkommen einer Badestube im Siegerlande anzustellen, wäre verfrüht. Es kann zunächst nur als Tatsache festgestellt werden, daß eine solche Badestube im 16.Jahrhundert einmal erwähnt wird.

Ähnlich verhält es sich mit dem Kachelofen, der hier im Gegensatz zu den sonst stets erwähnten eisernen Öfen steht. Hierbei ist nicht einmal klar, ob es sich tatsächlich um einen Ofen aus Tonkacheln oder um einen eisernen Nischenofen, dessen Nischen heute noch im Siegerland als Kacheln bezeichnet werden (97), handelt.

Was versteht man aber unter einem "Kuchen"? Das gleiche Wort kommt im Rödger Verzeichnis vor: "Item ein eisern Kochen (oder

Kachen, 95) hinter dem fuer". Wenn auch beide Wörter in ihrem Vokal nicht übereinstimmen, so glaube ich sie doch auf Grund ihrer gleichen Bedeutung - beide kommen in Verbindung mit der Heizung vor - gleichsetzen zu können. Die Hilchenbacher Aufzeichnung sagt etwas über den Wert dieses Gegenstandes aus. Er ist so viel wert wie eine Krippe, 30 Albus. Im Rödger Inventar erfahren wir etwas über seine Beschaffenheit. Es handelt sich nämlich um einen "eisern Kochen".

Das gleiche Wort steht als "Küchen" bereits 10 Jahre vor der Hilchenbacher und Rödger Aufzeichnung in einem Inventar des Hausrats der Pastorei Siegen, 1531. Hier heißt es: "Ein eisern Küchen hinder dem feur" (98).

Dieses Gerät wird in den Siegerländer Inventaren stets in Verbindung mit dem Feuer genannt. In einem anderen Zusammenhang steht es bei Geiler von Kaisersberg (99): "So dein herz nit vor got stat, so stat es in den heffen, köchen und kachlen, in den krausen, kennelin und flaschen". Eine ältere Ausgabe dieses Textes sagt statt "köchen" "kuchen" (100). Den Wörterbüchern nach zu urteilen ist der Beleg des Wortes "Köchen" oder "Kuchen" bei Kaisersberg der alleinige in neuhochdeutschen Drucken. Hier bezeichnet es eindeutig ein Gefäß. Überträgt man diese Bedeutung auf die in den Siegerländer Inventaren vorkommenden Wörter, so handelt es sich hier wahrscheinlich um einen Behälter für warmes Wasser, der sich heute noch oft in der Küchen-Stubenwand hinter dem Herdfeuer befindet, den sogenannten Ofentopf. Jedoch bleibt der "Kuchen unter dem Kacheloffen" noch unerklärt.

Weitere Inventare des 16. Jahrhunderts sagen nichts Neues mehr aus. Sie führen nur die allgemein üblichen Möbel und Geräte auf, die schon aus dem Ginsberger Verzeichnis bekannt geworden sind.

So weit aus den wenigen Besitztumsverzeichnissen zu schließen ist, bestanden im 16. Jahrhundert die Bauernhäuser aus Ern, Stube und Stall. Ob immer, wie in Ginsberg, Schlaf- und Vorratsraum vorhanden waren, ist fraglich. Der Ern war zwar noch der alte Herdraum, aber seine ursprüngliche Bedeutung als Hauptraum des Hauses war schon bedroht. Seine Aufteilung in Küche und Hausflur stand bevor, wenigstens bei größeren Bauernhäusern.

1. Bauform

Wie zu Beginn des vorigen Kapitels gesagt, stammen die ältesten Bauernhäuser, die im Siegerland erhalten sind, aus dem beginnenden 17. Jahrhundert. Bereits beim oberflächlichen Betrachten der Siegerländer Bauernhäuser fallen zwei grundverschiedene Arten auf: Das g i e b e l s e i t i g und das t r a u f s e i t i g aufgeschlossene Haus (101). Das Haus mit Giebeleingang erinnert schon in seinem Äußeren an die Vierständer-Hallenhäuser (102) des nördlich angrenzenden Sauerlandes. Den Siegerländer Häusern fehlt jedoch das große Einfahrtstor. Statt dessen führt nur eine kleine Haustür in den hohen, deelenartigen Raum, den sogenannten "Ern", der, wie die Deele des Hallenhauses, das Gebäude in Längsrichtung durchläuft.

Dieser Mittellängs-Ern hat trotz seines Namens nichts mit dem einzelligen Urraum, dem eigentlichen Ern, gemein (103). Er ist im Grunde eine echte Deele, durch innere gerüstliche Gliederung des Hauses entstanden, und nicht, wie der echte Ern, der ursprüngliche Einraum, von dem sich alle weiteren Hausteile entweder abgeteilt oder dem sie sich angegliedert haben.

Das traufseitig aufgeschlossene Haus des Siegerlandes kann man mit seiner Aneinanderreihung von Wohnteil, Stallteil und Scheune, dem Typ des mitteldeutschen quergeteilten Einhauses, des Ernhauses zuschreiben.

Die schematische Trennung des Siegerländer Hauses in nieder- und mitteldeutsche Typen wird jedoch seinem Formenreichtum nicht völlig gerecht. Einflüsse vom Norden und Süden haben sich im Siegerlande vermischt und ineinander verzahnt, so daß sich oft schwerlich eine klare Form herausschälen läßt.

a. Die niederdeutsche Hausform

Durch die Haustür an der Giebelseite betritt man den geräumigen Hausgang, Ern genannt, der das Haus der Länge nach durchmißt und am rückwärtigen Ende in die Küche mündet. Von hier aus geht eine Tür, die sogenannte "Henner" oder "Overdör", wieder ins Freie zur Pumpe und zum Hausgarten.

Zu beiden Seiten des "Ern" liegen die Ställe, die durch Futterklappen mit ihm verbunden sind. Meistens sind die Seitenteile des Hauses verschieden breit. Der schmalere Teil wird oft ganz von Stallungen ausgefüllt, während in dem etwa einen Meter breiteren Teil am hinteren Ende die Wohnstube liegt (Abb. 2).

Das Obergeschoß war ursprünglich nur über der Stube ausgebaut. Hier befanden sich Schlafkammern oder Vorratsräume, die sich heute über den gesamten oberen Hausteil erstrecken. Bis zu Beginn dieses Jahrhunderts fehlte in Ern und Küche fast immer die geschoßbildende Zwischendecke. Beide Räume liefen durch beide Geschosse hindurch und reichten bis unter die Dachbalkendecke.

Der Längs-Ern liegt wie die Deele des Hallenhauses zwischen den beiden inneren Ständerreihen. Beim Siegerländer Haus sind jedoch die Ständer bereits in den Verband einer Fachwerkwand eingefügt, ebenso wie beim südwestfälischen Hallenhaus. Es handelt sich um Ständerwandbau (104). Das Gerüst bestimmt den Grundriß.

Die Ähnlichkeit dieses von den Mittelständerreihen begrenzten Längs-Ern mit der niederdeutschen Deele hat bereits Schepke erkannt (105), der sogar in seinem Grundriß eines Netphener Hauses den Mittellängs-Ern mit "Deel" bezeichnet (106), obgleich dieses Wort in der Siegerländer Mundart unbekannt ist. Schepke setzt also den Längs-Ern vollkommen mit der Deele gleich und zwar mit einem gewissen Recht, denn dieser Hausgang entspricht nicht nur der Deele in seiner Lage innerhalb des Gerüstes, sondern auch in seiner Funktion.

Ein alter Bauer aus dem Netphener Lande sagte einmal: "Dr Ern dat es bi oos dat, wat angerschwo de Diele es". Der Bauer hat die Sachlage richtig empfunden. Der Ern ist nämlich wie die Deele der Wirtschaftsraum des Hauses.

Hier spielte sich ursprünglich das gesamte bäuerliche Leben ab, hier war der Dresch- und Futterplatz. Zuweilen wird sogar heute noch vom Ern aus das Vieh gefüttert. Dann mündet hier der Heutrichter, eine Vorrichtung, durch die das Heu vom Dachboden für die Fütterung heruntergeworfen werden kann.

Solange der Ern noch der Dreschplatz war, hatte er festgestampften Lehmboden oder Steinpflasterung, die zum Teil heute noch erhalten ist. Größtenteils sind es flache Steinchen aus dem Bachbett, die mit der Schmalseite nach oben in Fischgrätmuster gelegt sind. Man spricht in diesem Falle von dem "gegräde Ern"

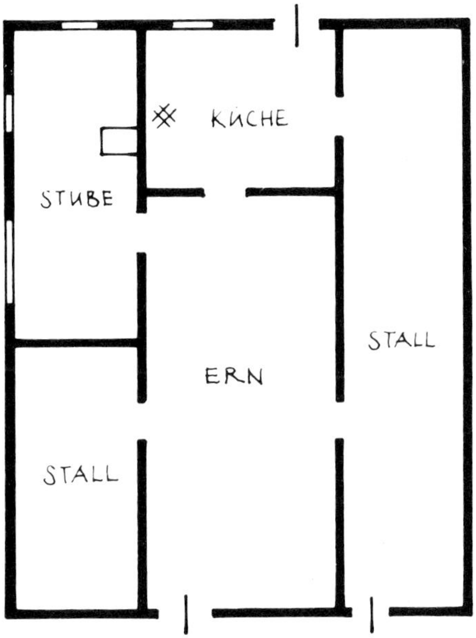

2 Breitenbach, Haus Ahl (1647), Grundrißskizze

3 Afholderbach, Erndtebrücker Str. 35, Haus Stötzel (um 195o)

oder einfach von dem "Gegrä" (107).
Es besteht allerdings ein wesentlicher Unterschied zwischen der Deele und dem Mittellängs-Ern: Diesem fehlt nämlich das große Einfahrtstor, und es gibt nirgendwo einen Anhaltspunkt, daß es im Siegerland jemals vorgekommen ist. Man gelangt von jeher durch die kleine Haustür, die ursprünglich quergeteilt war, auf den Ern. Er war also niemals zum Einfahren der Erntewagen geeignet. Heu und Getreide werden von draußen durch eine Ladeluke im Giebel, die sogenannte "Aflaaring" (108), d.i. Abladung, ins Haus befördert (Abb. 3).
Oft ist das Fehlen des Einfahrtstores ein Zeichen für kleinbäuerlichen Betrieb (109). Im Siegerland kann man diese Tatsache jedoch nicht allein der dürftigen Landwirtschaft zuschreiben, da das Einfahrtstor hier selbst den wohlhabenden Bauern fehlt. Das ist eine Siegerländer Eigenart, die wohl noch aus der Zeit stammt, als man die Ernte außerhalb des Hauses in Scheunen unterbrachte. Später übernahm man zwar das niederdeutsche Hallenhaus, versah aber nicht das Wohnhaus mit einem Einfahrtstor, das man nur an Scheunen gewohnt war.
Die Sitte, die Ernte von außen durch Ladeluken ins Haus zu befördern, dringt immer weiter nach Norden vor. Im benachbarten Kreis Olpe, einem ursprünglich niederdeutschen Hausgebiet, sind heutzutage kaum noch Einfahrtstore zu finden, aber hier sind Änderungen noch zu fassen. Z.B. ist bei einem Haus aus Benolpe (Abb. 4) von 1775 die alte Toreinfahrt noch zu erkennen, obwohl das große Tor bereits seit Menschengedenken einer kleinen Haustür gewichen ist. Die alte geräumige Deele ist noch erhalten. Im selben Ort, wenige Schritte von diesem Haus entfernt, ist noch eine Deeleneinfahrt erhalten (Abb. 5).
Im östlichen Teil des Bergischen Landes, das an den Kreis Olpe grenzt, sind zwar noch die Einfahrtstore vorhanden, aber sie sind so schmal und niedrig - 2 bis 3 m breit, 2,50 m hoch - , daß kein Erntewagen hindurchfahren kann. Die Ernte wird auch hier durch eine Tür im Giebel über der Einfahrt, die "Balkendüer" in den Dachraum geladen. Das Deelentor ermöglicht nur kleinen Handkarren mit Grünfutter für das Vieh die Durchfahrt (110).
Sieht man vom Fehlen des Einfahrtstores beim Siegerländer Hause mit Mittellängs-Ern ab, so darf dieses Haus mit dem Durchgangs-

4 Benolpe (Kr. Olpe), Bauernhaus mit Einfahrtstor (um 195o)

5 Benolpe (Kr. Olpe), Bauernhaus mit zugesetztem Einfahrtstor (um 195o)

6 Krombach, Pfarrhaus, Grundriß (nach einer Skizze von 1851)

deelenhaus Nordhessens und Südwestfalens verglichen werden (111). Auch hier hat sich die breit ausladende Deele des Hauses der niederdeutschen Ebene zu einem schmalen, hohen Raum entwickelt, der sich mit den zweigeschossig gewordenen Seitenschiffen in die Höhe strecken mußte (112). Sie ist mehr ein geräumiger Hausflur als eine weite Halle, darum hat Schepers für diese Hausart den treffenden Namen "Flurdeelenhaus" geprägt (113).
Im Siegerland heißt eine Tür, die am rückwärtigen Giebelende ins Freie führt, allgemein die "Hennerdör". Im östlichen Teil des Landes und in der Eiserfelder Gegend nennt man sie jedoch "Overdör"(114). Es ist das gleiche Wort wie das sauerländische "Löverdiör", das dort ebenfalls die Tür am hinteren Giebel des Durchgangsdeelenhauses bezeichnet. Dieses Wort scheint also mit der Sache aus dem niederdeutschen Hausgebiet übernommen zu sein.
Auch die Größenverhältnisse der Siegerländer Häuser sind ungefähr die gleichen wie die der Durchgangsdeelenhäuser des südlichen und östlichen Westfalens und Nordhessens (115). Nur der Siegerländer "Ern" ist durchschnittlich einen knappen Meter schmaler als eine normal breite Durchgangsdeele.
Die Maße stehen in keinem Verhältnis zu denen der Fletdeelenhäuser, die mächtig und breit ausladend in der niederdeutschen Ebene stehen. Die Grundfläche, über der sie erbaut sind, ist rund doppelt so groß wie die der Durchgangsdeelenhäuser (116), die sich aus diesem Grunde in die Höhe strecken mußten. Das sind die Häuser der gebirgigen Gegenden. Es ist nämlich nicht leicht, einen Bau von großer Grundfläche waagerecht in ein unebenes Gelände zu setzen. Um denselben Rauminhalt zu bekommen, muß er bei weit kleinerer Standfläche in die Höhe geführt werden (117). Mit dem Höherziehen des Hauses mußte sich auch die Deele in die Höhe strecken. Da die Ställe in den Seitenteilen eine Mindestbreite, nämlich die Länge des Viehs, behalten mußten, konnte eine Verkleinerung der Grundfläche nur auf Kosten der Diele stattfinden, die dadurch manchmal schmaler wird als die beiden Seitenteile. Auf diese Weise ist die hohe, schmale Flurdeele zu erklären, die im Siegerland durch das Fehlen des Einfahrtstores noch mehr zum Hausflur herabgesetzt wird. So bald nämlich die Deele an Breite verliert, wird das große Einfahrtstor unmöglich.
Das Durchgangsdeelenhaus ist das letzte in der Entwicklungsreihe

des niederdeutschen Bauernhauses (118). Es hat sich aus dem Fletdeelenhaus entwickelt, indem die beiden Fletarme abgeschert worden sind (119).
In den Durchgangsdeelenhäusern am Südostrand des Hallenhausgebietes ist die Herdstelle schon sehr früh vom hinteren Ende der Deele in einen seitlichen Raum gewandert. Die Durchgangsdeele ist nur noch Wirtschaftsraum. Hier nimmt gewöhnlich die schmale Hausseite die Stallungen, die breitere die Wohnräume auf. Die Wohnstube liegt zur Straße hin (120).
Beim Siegerländer Haus ist ein älterer Zustand erhalten. Die Herdstelle ist - bis auf wenige Ausnahmen - an ihrem alten Platz, dem rückwärtigen Teil des "Ern", geblieben. Hier ist die Küche eingerichtet, heute fast immer vom Hausgang durch eine Wand getrennt. Die Stube liegt neben der Küche im breiteren Seitenteil. Ihre Verlagerung zur Straße hin ist eine junge Erscheinung des beginnenden 20. Jahrhunderts.
Die ursprüngliche Lage der Stube am hinteren Giebelende neben der Küche entspricht der Lage der Eßecke beim Fletdeelenhaus (121). Ebenso gleichen sich Stube und Eßecke in ihrer Bedeutung für das Wohnen. Man darf wohl die Stube des Durchgangsdeelenhauses als die durch eine Wand abgescherte Eßecke betrachten (122). Auch die der Eßecke im Flet gegenüberliegende Waschecke (121) fehlt nicht selten im Siegerländer Bauernhaus. Zuweilen ist von der schmalen Stallseite am hinteren Ende des Hauses neben der Küche eine Vorratskammer abgetrennt, die sich oft als ehemalige "Waschkammer" herausstellt. Im Hause Scholl in Feuersbach (414) - erbaut 1753 - befand sich in diesem Raume früher der Brunnen, nach dem der Ort heute noch "Bornkaamer" genannt wird.
Ältere Zustände, bei denen ein Fletarm oder auch beide Arme noch erhalten sind, können heute im Siegerland nicht mehr angetroffen werden. Jedoch zeigt ein Grundriß des Krombacher Pfarrhauses aus dem Jahre 1851 (123) (Abb. 6) noch einen vollständig erhaltenen Fletarm. Vielleicht darf sogar angenommen werden, daß auch der andere Arm nicht ursprünglich abgetrennt gewesen ist, da der seitlich neben der Küche liegende Raum auf der Grundrißzeichnung nicht benannt ist. Er scheint daher jünger zu sein als die übrigen bezeichneten Räume.
Das Siegerländer Haus mit Mittellängs-Ern darf mit Recht als eine

Abart des Durchgangsdeelenhauses angesprochen werden, dem das Einfahrtstor fehlt. Es braucht nicht zu stören, daß im Siegerland die im gesamten niederdeutschen Hausgebiet übliche Bezeichnung "Deele" fehlt und stattdessen das mitteldeutsche Wort "Ern" verwandt wird (124). Dieser "Ern", der den Charakter einer Deele hat, soll in dieser Arbeit zu Unterscheidung vom Ern des mitteldeutschen Hauses D e e l e n - E r n genannt werden. Ich möchte ihn nicht schlechthin mit "Deele" bezeichnen, da dieses Wort nicht landesüblich ist. Außerdem unterscheidet sich ein Deelen-Ern von einer echten Deele dadurch, daß er kein Einfahrtstor besitzt.

Während beim echten Hallenhaus der niederdeutschen Tiefebene heute noch oft keine feste Trennung zwischen Wohnteil, Wirtschaftsteil und Stall besteht, ist diese Trennung beim Siegerländer Haus, ebenso wie bei den Durchgangsdeelenhäusern der südwestfälischen Randgebiete weitgehend ausgebildet. Der Wirtschaftsraum, die Deele, bzw. der Deelen-Ern, ist von den Wohnräumen und Stallungen durch feste Fachwerkwände geschieden. Es besteht keinerlei Luftgemeinschaft mehr zwischen Mensch und Vieh. Die einzige Verbindung zwischen Deelen-Ern und Stall sind im Siegerland die Futterklappen in der Trennwand, die jedoch nur während der Fütterung geöffnet werden.

In jüngster Zeit ist jedoch auch die Viehfütterung in den meisten Fällen in den Stall verlegt worden, der aus diesem Grunde verbreitert werden mußte, natürlich auf Kosten des Ern. Dieser hatte mit dem Einführen der Dreschmaschine bereits seine Bedeutung als Dreschraum verloren. Darum konnte er nun auch - mit der Küche zugleich - eine geschoßbildende Zwischendecke erhalten und seinen Lehmfußboden oder seine grobe Steinpflasterung mit Bretterbelag oder Steinfliesen vertauschen. Seine Wände wurden meistenteils tapeziert oder mit Ölfarbe gestrichen, so daß von dem ursprünglichen Deelen-Ern nichts mehr erhalten ist. Er ist zu einem Hausflur geworden, der ebenso gut zu einem städtischen Haus gehören kann.

Nur noch vereinzelt ist ein Deelen-Ern in seinem alten Zustand anzutreffen, z.B. im Hause Wickel in Niedernetphen (415, Abb. 7 und 8), im Hause Henkeln in Littfeld und im Hause Krist, ebenfalls in Littfeld (416). Das urtümliche Ineinander von Wohn- und

Wirtschaftsraum ist mehr und mehr zu einem Nebeneinander geworden. Aus dem alten Einheitshaus ohne scharfe Trennung zwischen Mensch und Vieh hat sich das Einhaus entwickelt, das Mensch, Tier und Ernte wohl noch unter einem Dache birgt, bei dem aber keinerlei Verbindung der drei Hausteile miteinander besteht (125).

b. die mitteldeutsche Hausform

Das Durchgangsdeelenhaus hat sich von innen heraus durch Abscherung der einzelnen Räume aus einem Einheitshaus zu einem Einhaus entwickelt. Das quergeteilte Einhaus (oder Ernhaus) ist dagegen durch Aneinanderreihung von ursprünglich selbständigen Gebäuden entstanden. Hierbei ist die scharfe Trennung von Wohn- und Wirtschaftsteil primär.

Dieses Einhaus ist verhältnismäßig jung. Es hat sich im Siegerlande - nach archivalischen Unterlagen zu schließen - erst in der zweiten Hälfte des 18. Jahrhunderts stark verbreitet, womit jedoch nicht behauptet ist, daß seine Anfänge nicht in ältere Zeit zurückreichen, denn im südlichen Siegerlande findet man bereits Ernhäuser aus dem Ende des 17. Jahrhunderts (126).

Eine Bauverordnung für den Grund Seel- und Burbach (127), den Südzipfel des Landes, vom 22. November 1791, erlaubt den Anbau von "Stallungen und Scheunen und sonstigen Gebäuden... an die eigenthümlichen Gebäude des Bauenden, in so fern diese selbst von anderen benachbarten Gebäuden den gehörigen Abstand haben". Eine ältere Bestimmung aus dem Jahre 1773 verbietet den willkürlichen Anbau von Nebengebäuden (128).

Ferner sind aus dieser Zeit eine Reihe von Gesuchen überliefert, in denen die Bauherren um Genehmigung für den Anbau einer neuen Scheune ans Wohnhaus oder eines neuen Wohnhauses an ihre alte Scheune bitten (129). Von einem solchen Anbau berichten mitunter auch die Hausinschriften. In Würgendorf Nr. 12 steht z. B. über dem Tor einer laut Inschrift 1767 erbauten Scheune:

"Ich war vor hin ser alt
jetzt bin ich wieder neu
und über mein gestalt
ein jeder sich erfreu."

"Die Scheune zu bauen war ser nötig
mit gotes Hilfe das haus darn fertig."

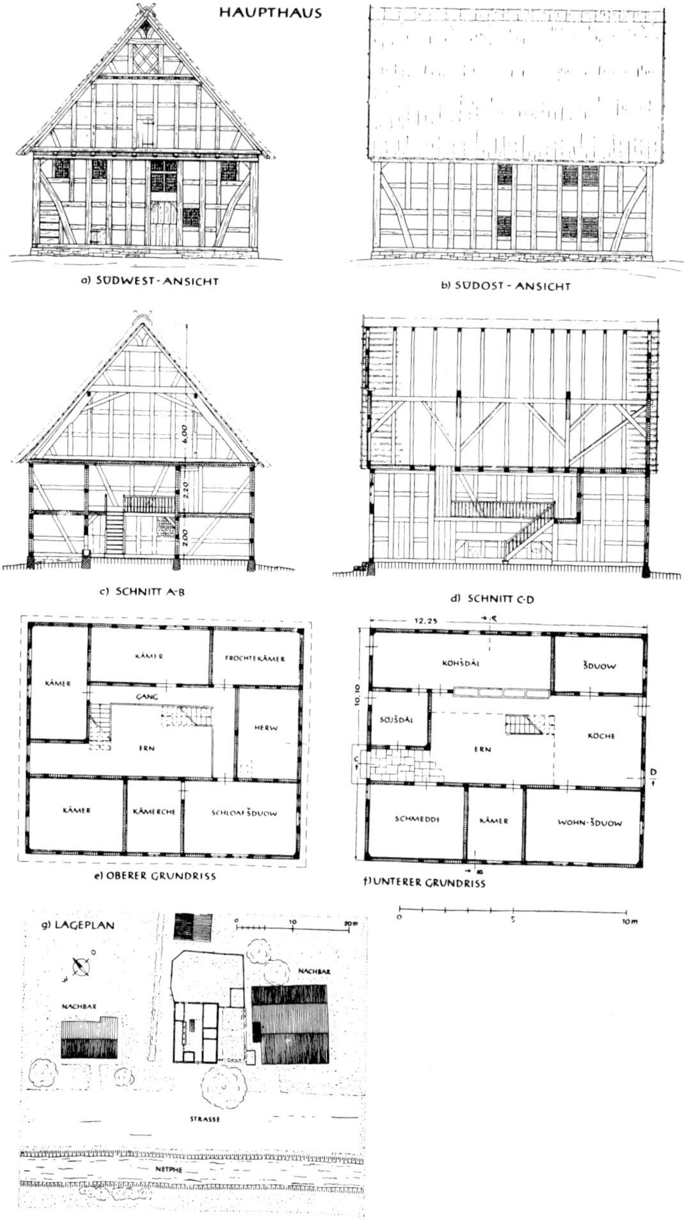

7 Niedernetphen, Kronprinzenstr. 53, Haus Wickel, 1673 (nach J. Schepers, Tf. 286)

8 Niedernetphen, Kronprinzenstr. 53, Haus Wickel, 1673 (1986)
9 Littfeld, Lindenweg 1o, durch den Querflur (links) erschlossene giebelparallele Treppenaufgänge (1986)

1o Littfeld, Lindenweg 1o, Traufseite; die Haustür führt in den Querflur (1986)

Die Verschiedenartigkeit des Fachwerks verrät oft das nachträgliche Aneinanderrücken von Wohnhaus und Scheune (vgl. Abb. 11). Beim Hause Böcking in Wilden (417, Abb. 12) ist das Scheunengebäude noch nicht völlig eins geworden mit dem Wohnhaus. Beide Gebäude liegen bereits unter e i n e m Dach, aber zwischen Haus- und Scheunenwand besteht noch rund ein Meter Zwischenraum. Nur an einer Stelle verbindet ein schmaler Gang das Wohnhaus mit der Scheune. In diesem Falle konnte man sich vielleicht diesen lockeren Anwuchs erlauben, da der Bauernhof nicht in einer dicht geschlossenen Ortschaft liegt. Hier besteht nicht die Gefahr, daß die Gebäude zu dicht an benachbarte Häuser gerückt werden und dadurch bei Ausbruch eines Brandes das Feuer rasch auf weitere Gebäude übergreifen kann.

Die Scheune wird in den meisten Fällen einem Wohn-Stallhause angegliedert. Der Wohnteil ist ursprünglich einraumtief und zweizonig und besteht aus Ern und Stube. Im Laufe des vorigen Jahrhunderts hat sich vom Ern die Küche und oft auch von der Stube die Kammer abgetrennt.

Der Stall liegt neben dem Ern, mit dem er jedoch keinerlei Verbindung mehr hat, abgesehen von einer Tür, die bei den meisten Häusern vom Ern aus in den Stall führt. Sie kann jedoch auch fehlen, so daß der Stall nur von draußen durch die sogenannte "sdaalsdör" zu betreten ist (Abb. 13).

In der scharfen Trennung von Ern und Stall ist jedoch kein ursprünglicher Zustand zu fassen. Im Gegensatz dazu steht Behlen (130), der den Stall bereits als Anwuchs des Ern betrachtet. Das mitteldeutsche Haus ist ein altes Wohn-Stallhaus, bei dem Ern und Stall ursprünglich eins waren. Der Stall ist im Laufe der Zeit vom einräumigen Ern abgetrennt worden. Er hat sich nicht erst später angegliedert. Heute noch gibt es urtümliche Vertreter des Ernhauses im Gebiet südlich der unteren Mosel, dem sogenannten Hochwald, in denen nur eine halbhohe Wand den Stallteil von der Wohnhälfte trennt (131). Das altertümliche bretonische Haus, ebenfalls ein Ernhaustyp, kennt gleichermaßen nur eine halbhohe Bretterwand zwischen Wohn- und Stallraum (132).

Die Scheune ist an das Wohn-Stallhaus gebaut. Sie hat sich im Siegerland fast niemals zwischen den Wohnteil und den Stall geschoben. Diese Tatsache läßt ebenfalls auf alte Zusammenge-

11 Wahlbach, Haus Schöllchen (um 195o)

12 Unterwilden, Freier-Grund-Str. 86, Haus Böcking (um 195o)

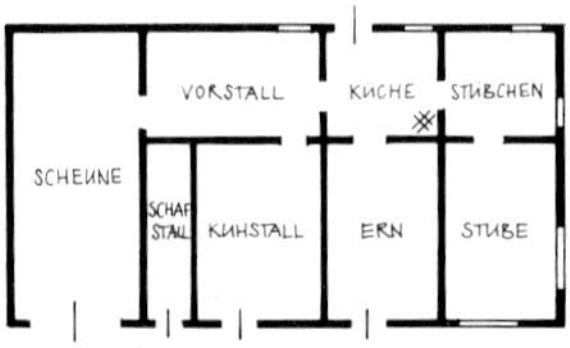

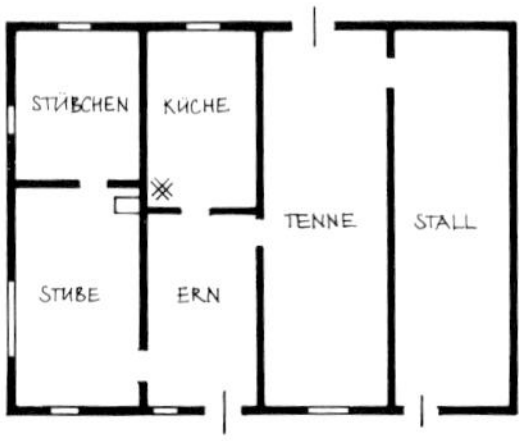

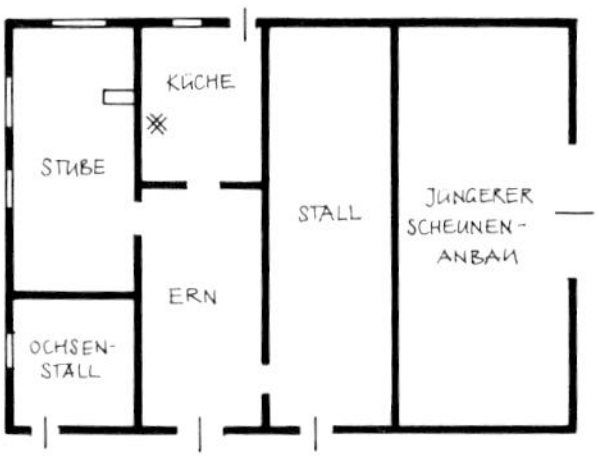

13 Wahlbach, Haus Schöllchen, Grundrißskizze

14 Ruckerfeld, Haus Nr. 4, 1845, Grundrißskizze

15 Breitenbach, Breitenbacher Str. 381, "Hus em Siffe", Grundrißskizze vor 1947

23 Oberhees, Haus Wunderlich, Grundrißskizze

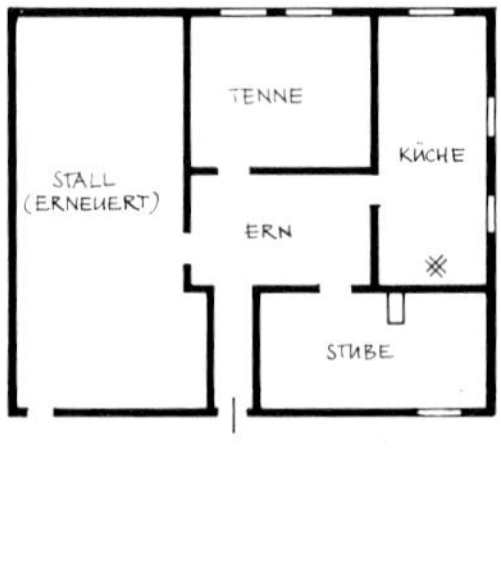

hörigkeit von Ern und Stall schließen.
Kommt es einmal vor, daß die Scheune zwischen Stallung und Wohnräumen liegt, so handelt es sich stets um eine junge Erscheinung, die nicht vor dem 19. Jahrhundert vorkommt. Das im Grundriß abgebildete Haus Ruckersfeld Nr. 4 (Abb. 14) stammt aus dem Jahre 1845. Es ist das einzige Beispiel dieser Art, das mir im Siegerlande begegnet ist. Auch Schmoeckel berichtet, daß sich die "Tenne" nur in einem aller beobachteten Fälle zwischen Kuhstall und Ern gedrängt hat (133). Leider gibt Schmoeckel nicht an, um welches Haus es sich handelt. Er scheint aber nicht das oben erwähnte Ruckersfelder Haus gemeint zu haben, da der von ihm abgebildete Grundriß (134) nicht dem Ruckersfelder entspricht.
Die oben behandelte Bauform trägt schon den Charakter der Auflösung des alten Wohn-Stallhauses in sich, da die ursprünglich zueinander gehörenden Wohn- und Stallteile durch den Zwischenbau der Scheune auseinandergesprengt worden sind (135).
In jüngerer Zeit wird der Stall durch nachträglichen Umbau häufig in einen Seitenteil der Scheune oder in einen erneuten Anbau verlegt. Die alten Stallungen werden zu Wohnräumen umgebaut, so daß ein dreizoniger Wohnteil mit dem Ern als Hausflur in der Mitte entsteht. Im Siegerland ist diese Form, die im gesamten Gebiet des mitteldeutschen Ernhauses verbreitet ist (136), nicht ausgeprägt. Hier begnügt man sich auch heute noch fast immer mit dem zweizonigen Wohnteil.
In dem Ern des mitteldeutschen Hauses ist heute schwerlich noch der alte Hauptraum zu erkennen. Seit der Abgliederung der Küche, größtenteils um die Mitte des vorigen Jahrhunderts durchgeführt, ist er ein dunkler Hausgang geworden, der nur als Zugang zu den übrigen Räumen dient. Er ist seit Menschengedenken mit einer geschoßbildenden Zwischendecke versehen.
Vielerorts verliert der Ern mit seiner Auflösung in Küche und Hausflur seinen Namen. So behauptet z.B. Ehemann (137): "Diese Bezeichnung (Ern) lebt heute mehr in der Literatur als in Wirklichkeit". Auch nach Walbe (138) ist das Wort in Hessen nicht mehr üblich. Während es im Siegerland zur Bezeichnung für den Hausflur geworden ist, benennt es in anderen nassauischen Gebieten die Küche (139).
Selbst als der Ern noch als Hauptraum des Hauses anzusehen war,

bestand ein wesentlicher Unterschied zwischen ihm und der Deele des niederdeutschen Hauses, bzw. dem Deelen-Ern. Die Deele ist der Wirtschaftsraum, der Ern in erster Linie Wohn- und Feuerraum. Behlen (140) vergleicht ihn, mit Recht, mit dem Flet des Hallenhauses, während die Deele der Tenne des mitteldeutschen Hauses entspricht. Die Tenne hat die gleiche Funktion wie die Deele.
Im Siegerland unterscheidet sich also der Quer-Ern des mitteldeutschen Einhauses vom Deelen-Ern der niederdeutschen Hausform. Dieser hat als Wirtschaftsraum des Hauses die gleichen Aufgaben wie die Deele, während jener die wirtschaftliche Funktion der Tenne im Scheunenteil übertagen hat (141). Er ist lediglich noch ein Stück Wohnteil, und zwar seit der Abtrennung des Küchenraumes von ihm der Hausflur, der sich in keiner Weise von dem Flur eines Stadthauses unterscheidet. Im Gegensatz zum Deelen-Ern ist er in dieser Arbeit F l u r - E r n genannt.
Eines ist Flur- und Deelen-Ern gemeinsam: Beide sind die alten Herdräume des Hauses, wenn sie auch heute nicht mehr als solche zu erkennen sind. Dem Deelen-Ern kommt Wirtschafts- sowohl wie Wohnfunktion zu. Der Flur-Ern dagegen hat die wirtschaftlichen Aufgaben der Tenne überlassen. Er ist nur als Wohnteil aufzufassen.
Die quergeteilten Einhäuser sind durchweg schmaler als die giebelständigen Vierständerhäuser. Es handelt sich bei jenen in der Regel um Dreiständerbauten. Hier wird der Grundriß in keiner Weise mehr vom Gerüst bestimmt. Die Ständer sind in den Verband der Querwände eingefügt und treten in der Außenwand als Bundpfosten zutage (142).

c. Mischformen

Durch wechselseitige Beeinflussung der nieder- und mitteldeutschen Hausarten entstehen zahlreiche Mischformen. Wichtig für eine Grundrißuntersuchung ist nicht nur die Aufteilung der Gesamtgrundfläche, sondern auch die Bestimmung der einzelnen Räume (143).
Bei den Siegerländer Mischformen kommt es häufig vor, daß Grundflächenaufteilung und Raumbestimmung einander widersprechen. Der Wohncharakter des äußerlich rein niederdeutsch anmutenden Hauses wird mitteldeutsch und der des Ernhauses niederdeutsch. Wichtig

16 Breitenbach, Breitenbacher Str. 381, "Hus em Siffe", Vordertraufe, 1757 (1987)

17 Breitenbach, "Hus em Siffe", Giebel und Rücktraufe (1987)

für den Wohncharakter eines Hauses ist die Nutzung des Ern. Besonders zahlreich sind Häuser mit ehemals hohem, bis unter die Dachbalken reichenden Deelenern, die sich aber in ihrem quergeteilten Grundriß nicht von einem mitteldeutschen Einhaus unterscheiden (Abb. 7 d, 7 f, 15).
Haus Rötsche in Anzhausen z.B. ist 1763 über den Grundmauern eines in damaligem Jahre abgebrannten Hauses errichtet. Dreizehn Jahre lang war das neue Haus scheunenlos. Erst 1775 ist eine Scheune angebaut worden (144), die ehemals in Rittershausen, einem Dorfe des Dillkreises, aufgestellt war. Ern und Küche waren bis 1880 noch ohne Zwischendecke, und bis dahin wurde auch das Vieh vom Ern aus durch Futterklappen versorgt. Es besteht kein Zweifel, daß man bis zum Anbau der Scheune auch auf dem Ern gedroschen hat, da er doch als ein bis unters Dach offener Raum dafür eingerichtet gewesen ist.
Ähnlich verhält es sich beim "Hus em Siffe" in Breitenbach (Abb. 15-17), das dem Fachwerk nach zu urteilen aus dem Anfang des 18. Jahrhunderts stammt. Auch hier ist die Scheune ein nachträglicher Anbau aus dem Jahre 1757. Die Ställe lagen bis vor wenigen Jahren zu beiden Seiten des ursprünglich offenen Ern. Denkt man sich in diesem Hause den ohnehin nachträglichen Scheunenanbau fort, so erhält man die gleiche Grundriß-Gliederung wie bei einem Durchgangsdeelenhaus. Selbst die Hintertür fehlt nicht.
Vereinzelt kommen auch heute noch Häuser mit querlaufendem ehemaligen Deelenern vor, die keinen Scheunenanbau erhalten haben, z.B. Haus Hennerde in Volnsberg (vgl. auch Abb. 30 d).
Es scheint, als ob bei diesen Häusern nur die Firstrichtung um 90 Grad gedreht worden sei, so daß aus einem giebelständigen Hause ein traufständiges geworden ist. Diese Entwicklung kann man als Firstwechsel bezeichnen (145).
Die Siegerländer Häuser mit querlaufendem Deelen-Ern sind mit den Querdielenhäusern zu vergleichen, die in allen südlichen Randgebieten des Hallenhauses vorkommen (146) und dort seit dem Anfang des 18. Jahrhunderts auftauchen (147). In derselben Zeit entstehen sie auch im Siegerland.
Hier fehlt wieder das auch für das Querdeelenhaus charakteristische Einfahrtstor. Stattdessen ist über dem an der Traufseite liegenden Hauseingang eine Dachgaupe vorgebaut, durch die man die

Ernte in den Dachraum befördert. Das Fehlen des Einfahrtstores erschwert die äußerliche Unterscheidung dieser Hausart vom echten Ernhaus, zumal der nachträgliche Anbau der Scheune, ebenfalls leicht irreführen kann. Man muß sich schon auf den Ern bemühen, um den Unterschied feststellen zu können.

Bei der Bestimmung des Wohncharakters eines Hauses ist von der Nutzung auszugehen, die der Ern in früherer Zeit hatte. Von dieser Nutzung hängt ebenfalls sein Aussehen ab. Ist er als alter Wirtschaftsraum der Dresch- und Futterplatz, muß er geräumig gestaltet sein. In diesem Falle ist die Tenne überflüssig und da, wo sie vorhanden ist, ein jüngeres Anhängsel.

Der Deelen-Ern eines quergeteilten Hauses aus Nenkersdorf (Abb. 18, 19) macht den deelenartige Charakter sehr deutlich. Der Ern unterscheidet sich in seinem Innern in keiner Weise von einem längslaufenden Deelen-Ern, ebenso wenig wie von der Deele eines Durchgangsdeelenhauses (148).

Die Lage des querlaufenden Ern zum Gerüst ist jedoch verändert. Wie beim Hallenhaus laufen auch hier Gerüst und Firstlinie miteinander parallel, aber diesmal fügt sich der Grundriß nicht in die Längsrichtung ein, sondern er liegt quer zum Ständergerüst, das also hier nicht grundrißbestimmend ist. Die beiden den Ern abschließenden Wände sind nicht tragend wie beim Hause mit Längs-Ern. Stattdessen werden die auf den Innenständern aufliegenden Rähme als mächtige Unterzüge auf dem Ern und in den Räumen sichtbar. Zuweilen ist die Trennwand zwischen Küche und Ern tragend geworden. - Die gleichen konstruktiven Verhältnisse weist das Querdeelenhaus der südwestfälischen Randgebiete auf (149).

Die Häuser mit querlaufendem Deelen-Ern haben also bis zum Anbau ihrer Scheune niederdeutschen Charakter bewahrt, wenn auch die Grundrißform schon mitteldeutsch beeinflußt war. Erst der Scheunenanbau hat sie in ihrem Wesen völlig umgewandelt. Von nun an übernimmt die Tenne die Aufgaben des Ern als Wirtschaftsraum. Da er nicht mehr der Dreschplatz ist, erhält er oft eine geschoßbildende Zwischendecke. Seine Verbindung zum Stall durch die Futterklappen wird aufgegeben, so daß er nicht mehr von dem Flur-Ern eines echten mitteldeutschen quergeteilten Hauses zu unterscheiden ist.

Seltener kommt ein Haus vor, dessen Eingänge zu Stall- und Wohn-

18 Nenkersdorf, Siegtalstr. 28, Haus Schneider, "Deelen-Ern", Rekonstruktionsskizze (H. Richter); vgl. Umschlagbild

19 Nenkersdorf, Siegtalstr. 28, "Deelen-Ern" (1986)

teil sich auf der Traufseite befinden, während der Grundriß jedoch in Längsrichtung verläuft. Ein schmaler, von der Haustür ausgehender Gang stößt im Hausinnern auf den längslaufenden Deelen-Ern (Abb.2o). In der übrigen Grundrißaufteilung unterscheiden sich diese Häuser nicht von der rein niederdeutschen Hausform.
Der Übergang zu traufseitigem Aufschluß ist wahrscheinlich ursprünglich lagebedingt. In den engen Tälern hatten die Häuser, die sich an der zum Berghang parallel laufenden Straße entlangzogen, nicht genügend Raum, sich mit der Firstrichtung quer zu Berg und Straße zu stellen. So mußten sie sich notgedrungen mit ihrer Traufseite nach der Straße ausrichten. Ein gutes Beispiel dafür gibt heute noch das Dorf Eschenbach im Amte Netphen. Von den älteren Häusern an der Hauptstraße ist nur ein einziges traufständig. Es steht nämlich an der Stelle, wo Straße und ansteigender Berg einander am nächsten kommen. Hier wäre für eine andere Lage kein Platz gewesen, während die Straße im übrigen zwischen sich und dem Berge so viel Raum läßt, daß die Häuser giebelständig gebaut werden konnten.
Wie das Haus, das von außen betrachtet dem Ernhaus gleicht, seinem Wesen nach niederdeutsch werden kann, nimmt auch zuweilen das giebelseitig aufgeschlossene Haus mit Mittellängs-Ern mitteldeutschen Charkter an. Hier kommt es auch wieder auf die Bedeutung des Ern innerhalb des Hauses an. Ist er nicht mehr der alte Dresch- und Futterplatz, hat er diese Aufgaben einem anderen Raume überlassen, so ist der niederdeutsche Wohncharakter aufgegeben, selbst wenn der Grundriß wenig verändert ist. Das Einfügen eines Tennenraumes genügt, um den niederdeutschen Baugedanken aufzulösen.
Der Plan für das neu zu erbauende Hofhaus auf dem Bühl bei Freudenberg aus dem Jahre 1705 (150) (Abb. 2o) ist, nach der Flächenaufteilung zu urteilen, nach dem Vorbild eines Hallenhauses entworfen. Auch hier könnten die beiden Räume neben der im mittleren Hausteil gelegenen Küche, die Stube und der Raum "allhier vor dem Brunnen", an die Eßecke einerseits und die Waschecke andererseits des Flets erinnern. Das "Gemach aff dem Keller " dürfte dem Kammerfach des Fletdeelenhauses entsprechen. Jedoch ist der Baugedanke des Hallenhauses mit seinem Ineinander von Wohn- und Wirtschaftsräumen bereits stark in Auflösung begriffen. Der Ern

wird hier nicht mehr in seiner Gesamtheit als Dreschraum benutzt. Man hat bereits von ihm die Dreschtenne abgetrennt. die hier aber noch ein Stück des alten Ern selbst ist, im Gegensatz zu heutigen Bauernhäusern, bei denen man die Dreschtenne bereits in einen Seitenflügel gelegt hat.
Auffallend ist das Fehlen einer Benennung für den Mittelraum des Hauses, der als letztes Überbleibsel des Ern anzusehen ist, nachdem Küche und Dreschtenne bereits von ihm abgetrennt worden sind. Ihm scheint keine wesentliche Bedeutung mehr für das Hauswesen zuzukommen. Darum braucht auch sein Name im Grundriß nicht mehr angegeben zu werden.
Der Einbau eines Tennenraumes in ein Haus mit Mittellängs-Ern ist im Siegerland keine Seltenheit. Die Tenne macht den Ern als Wirtschaftsraum überflüssig. Darum ist er in diesen Fällen zum Flur-Ern geworden, der in Aussehen und Funktion nicht vom Quer-Ern des mitteldeutschen Einhauses zu unterscheiden ist.
Ein Haus aus Ruckersfeld (Abb. 21) aus dem Jahre 1763 hat die Stube an der vorderen Giebelseite. Der ihr gegenüberliegende Stall ist nicht einmal durch eine Tür mit dem Ern verbunden. Er kann nur von der Tenne aus betreten werden. Hinter der Stube liegt die Küche, die bis um 1920 keine geschoßbildende Zwischendecke besaß. Die ihr gegenüberliegende Tenne ist heute noch ein hoher, bis unter die Dachbalkendecke offener Raum. An die Küche grenzt die Vorratskammer und an die Tenne der Holzschuppen. Der mit einer Zwischendecke versehene Ern ist zu einer "Sackgasse" geworden, denn die "Överdör" führt vom Schuppen aus ins Freie und nicht, wie allgemein üblich, vom Ern aus. Man könnte zunächst annehmen, daß es sich hierbei um eine jüngere Umbauform handelt. Dagegen sprechen jedoch die Bauverhältnisse. Tenne und Küche beweisen durch ihre durch beide Geschosse des Hauses reichende Höhe, daß ihre Lage im Grundriß stets unverändert geblieben ist. Damit ist das Wesentlichste bereis gesagt: eine Tenne gehört also von jeher zu diesem Hause.
Die Tenne mit angegliedertem Schuppen entspricht dem Scheunenteil des mitteldeutschen Einhauses. Sie fügt sich hier in einen niederdeutschen Hausgrundriß ein. Dieser Tenne fehlt das Einfahrtstor, das den Scheunen eigen ist. Sie ist ein kammerartiger Raum innerhalb des Hauses und unterscheidet sich von den übrigen

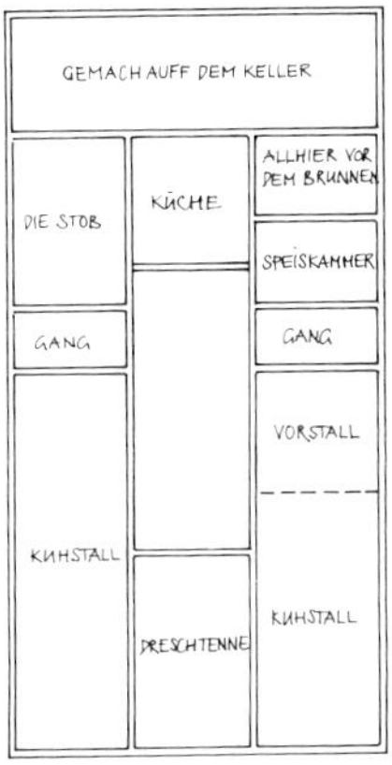

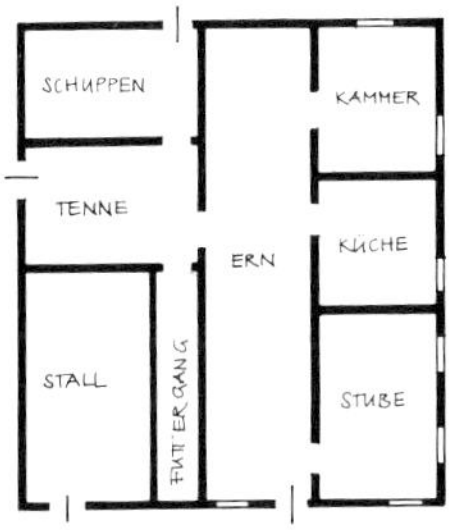

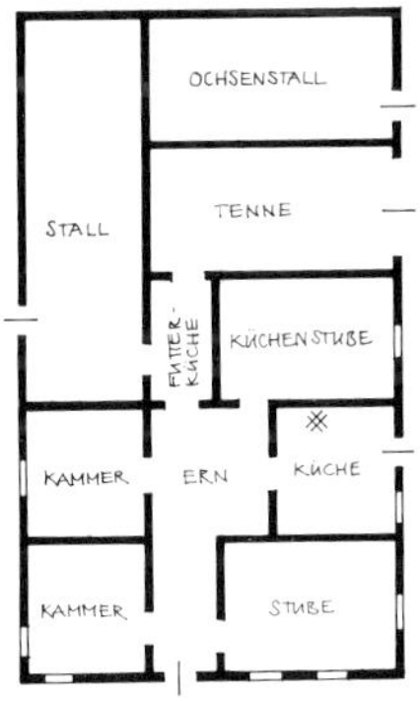

2o Bühl bei Freudenberg, Grundrißskizze 17o5

21 Ruckersfeld, Dreisbachstr. 11, Haus Höttersch (Jüngst), 1765, Grundrißskizze

22 Grund, Jung-Stilling-Str. 15, Grundrißskizze (vgl. Abb. 68)

Räumen nur durch den gestampften Lehmfußboden und das Fehlen der Geschoßbalkendecke. Dazu hat sie durch das sogenannte "Ollernloch" - eine Luke, durch die vom Dachboden Heu und Stroh geworfen werden können - Verbindung mit dem Dachboden.
Häuser mit einer sich in einem Seitenteil befindenden Tenne sind im Siegerland zahlreich. Sie unterscheiden sich äußerlich keineswegs von der rein niederdeutschen Hausform mit Deelen-Ern (vgl. Abb. 5). Ihr Wohncharakter ist jedoch mitteldeutsch bestimmt.
Die kammerartige Tenne ist eine kleinbäuerliche Einrichtung, die auch in der Eifel bei älteren Häusern üblich ist (151).
Vom Siegerland berichtet bereits Schenck in seiner Statistik (152) zu Anfang des vorigen Jahrhunderts, daß man "sehr häufig... im Innern der Häuser eine Tenne" findet, "worauf also dann in Ermangelung einer Scheuer gedroschen wird".
Bei der Beschreibung des Siegerländer Ernhaustyps ist gezeigt worden, daß das Aneinanderreihen von Scheune und sonstigen Nebengebäuden an das Wohnhaus dem mitteldeutschen Baugedanken entspricht. Solche nachträglichen Anwüchse beschränken sich zuletzt nicht nur auf die mitteldeutsche Bauform. Die Lust am Anbauen ist dem Siegerländer eigen und wird bereits den Kindern mit auf den Weg gegeben. So antwortete ein Schuljunge auf die Frage, was er sich unter den Zeilen aus dem Lied von der Glocke: "Die Räume wachsen, es dehnt sich das Haus" vorstelle. "Et wörn Schöppjer ajebout" (153) (Es werden Schüppchen angebaut).
Größere Bauern richten häufig eine Scheune am hinteren Ende ihres giebelständigen Hauses ein, deren Tenne quer zum First verläuft. Sie erhält infolgedessen eine Quereinfahrt. In dieser Art ist z.B. das Haus Herges in Grund erbaut (Abb. 22). Der vordere Teil des Hauses zeigt in der Gundrißaufteilung niederdeutsche Züge. Es läßt sich sogar noch ein Fletarm erkennen, von dem erst später durch eine Holzwand die heutige Küche abgetrennt worden ist. Der Mittellängs-Ern hat sich im vorderen Teil zu einem schmalen Gang verengt, weil die Stube noch ein Stück von seiner Breite benötigt. Er ist nur noch Hausflur, zumal er ausschließlich von Wohnräumen umgeben ist. Der vordere längsgegliederte Teil des Hauses birgt die Wohnräume, während sich die Wirtschaftsräume in den rückwärtigen Teil verlagert haben. In der Verlängerung des linken Seitenteils liegen die Stallungen. Ihnen ist die Scheune

vorgelagert. Sie besteht aus der Tenne, dem "Gedänn", mit dem ihr angegliederten Viertel, in dem bis um 1920 der Ochsenstall untergebracht war. Heute dient dieser Raum als Holzschuppen. Darüber hat sich von jeher der Bergeraum für das Heu befunden, der sogenannte "Heusturz".
Häuser ähnlicher Art aus dem Kreis Hofgeismar schildert L. Müller (154). Sie kommen anscheinend stets in den Gebieten vor, in denen sich mittel- und niederdeutsche Einflüsse mischen.
Zuweilen bleibt der Längs-Ern als Deelen-Ern der Dreschplatz, der jedoch keinerlei Verbindung mehr mit den Viehställen hat. Er wird von Wohnräumen eingeschlossen, während die Stallungen quer zu Firstrichtung und Ern verlaufen und die gesamte Breite des rückwärtigen Giebels einnehmen. Dieser quergelagerte Stall kann mit dem übrigen Hause zugleich entstanden, aber auch ein späterer Anbau sein.
Diese Grundrißform ist im Bergischen Lande sehr häufig (155) und von dort aus in den westlichen Teil des Siegerlandes gewandert. Daher ist sie im Freudenberger Gebiet am meisten verbreitet, kommt allerdings auch vereinzelt im nördlichen und mittleren Siegerlande vor.
Schepke (156) und Peßler (157) rechnen diese bergischen Häuser schlechthin der niederdeutschen Bauart zu. Man muß vielleicht ergänzen, daß bei diesen im Grunde echt niederdeutschen Häusern die Stallungen, ähnlich wie bei den Ernhäusern die Scheunen, nachträglich angegliedert worden sind, sei es auch nur typengeschichtlich. Wahrscheinlich ist auch hierbei mitteldeutscher Baueinfluß im Spiele, handelt es sich doch um Häuser aus einem Gebiet, das schon früh mit mitteldeutscher Hausbewegung in Berührung gekommen ist. All die Mischtypen, die einer niederdeutschen Grundrißform mitteldeutsches Wohngepräge gegeben, indem sie die wirtschaftlichen Aufgaben des Deelen-Ern an die Tenne abtreten und ihn auf diese Weise zum Flur-Ern umgestalten, können sowohl Umbau- als auch ursprüngliche Bauformen sein. Anders ist es bei der Bauart, die einem Gebäude mit Ernhaus-Grundriß niederdeutschen Wohncharakter verleiht, dem Haus mit Querdeelen-Ern. Hierbei handelt es sich niemals um einen nachträglichen Umbau eines Ernhauses. Es ist schon allein technisch unmöglich, einen niedrigen und schmalen Flur-Ern in einen geräumigen Deelen-Ern umzu-

bauen, abgesehen von dem Bestreben des Siegerländers seit den letzten hundert Jahren, die wirtschaftliche Funktion des Haus-Ganges der Tenne zu übertragen und den Ern nur als Wohnteil zu betrachten.
Wir sehen an allem, der hohe Deelen-Ern, das untrügliche Zeichen niederdeutschen Baucharakters im Siegerland, ist im Aussterben begriffen. Während er bis in die Zeit nach dem ersten Weltkrieg noch häufig anzutreffen war, ist er heute nur noch vereinzelt vorhanden und wird in einem weiteren Jahrzehnt gänzlich verschwunden sein.

2. Die Wohnräume

Der Ern ist im vergangenen Kapitel bereits behandelt worden. Seine Nutzung, sei es als Wirtschafts- und Wohnraum zugleich oder nur als Wohnraum, bestimmt den Charakter des Hauses. Die übrigen Wohnräume können für sämtliche Hausformen des Siegerlandes gemeinsam betrachtet werden, da Ausstattung und Bestimmung bei allen Bautypen gleich sind.

a. Die Küche

Wie sich auch Deelen-Ern und Flur-Ern voneinander unterscheiden, in der Einrichtung ihres hinteren Teils, des Feuerraumes, stimmen sie vollkommen miteinander überein.
Eine Trennwand zwischen vorderem Flur- und hinterem Küchenraum (158) ist in den meisten Fällen erst im Laufe des vorigen Jahrhunderts eingezogen worden, allerdings schon so zeitig, daß sie seit Gedenken, selbst der ältesten Bewohner, bereits bestanden hat, abgesehen von wenigen Ausnahmen. So ist nach Berichten eines älteren quergeteilten Hauses (Ernst Daub, gen. Henkel) in Oberdielfen dort erst vor rund 50 Jahren der Herdraum vom übrigen Ern getrennt worden.
In einem, so weit mir bekannt, für das Siegerland einzigen Falle gibt es heute noch keine Trennwand zwischen Kochraum und Haus-Ern, nämlich im Hause Stötzel in Öchelhausen (418). Es ist ein Haus mit ehemaligem Längs-Ern. Heute ist der Eingang jedoch zur Traufseite verlegt worden. Aus dem vorderen Teil des Ern sind Kammern entstanden. Bei diesem Hause konnte sich der Altzustand der Küche erhalten, weil ohnehin durch den Einbau der Kammern in

den vorderen Ern ein verhältnismäßig kleiner Herdraum entstanden ist. Außerdem liegt der Hauseingang nicht mehr der Küche gegenüber, die dadurch verhältnismäßig geschützt ist gegen Zugluft.
Der Grundriß des Krombacher Pfarrhauses aus dem Jahre 1851 (Abb. 6) zeigt, daß damals hier noch nicht Küche und Hausflur voneinander getrennt waren, während der Grundriß des Hofgutes "Auf dem Bühl" (Abb. 2o) diese Trennung bereits im Jahre 1790 aufweist. Allerdings handelt es sich hierbei um den Grundriß eines Herrenhauses. Im allgemeinen wird die Küchentrennwand um diese Zeit noch nicht üblich gewesen sein. Eine Tür mit gitterartigem Oberteil in der Wand zwischen Küche und Hausflur ist noch als letzter Rest einer alten Einheit zwischen Küche und Ern anzusehen. Diese Tür kommt noch vereinzelt im Siegerlande vor. Hierbei ist die Trennung noch nicht bis zum Äußersten vollzogen, da noch eine Luftverbindung zwischen beiden Räumen besteht (159).
Im Westerwald ist die Abtrennung des Herdraums allem Anschein nach jünger als im Siegerland. Die Einheit von Küche und Flur scheint noch Ende des vorigen Jahrhunderts die Regel gewesen zu sein, denn Heyn setzt in seiner 1893 erschienenen Beschreibung des Westerwaldes Küche und Hausflur gleich (160).
In den südlich angrenzenden Gebieten des mitteldeutschen Ernhauses dagegen ist die einstige Zusammengehörigkeit von Kochraum und Hausgang nicht mehr bezeugt. Ehemann (161) vermag für Wetterau und Südwest-Vogelsberg nur noch als Beweis für ehemalige Einheit die gleichartige Steinpflasterung von Flur und Küche anzuführen. Ebenso ist es für Behlen (162) selbstverständlich, daß der alte Ern geteilt ist, entweder in Flur und Küche oder in Küche und Küchenkammer.
Der Platz für die Herdstelle innerhalb des Küchenraumes liegt nicht fest (163). Am häufigsten befindet sich der Herd in der Küchen-Stubenwand neben dem Feuerloch des Hinterlader-Stubenofens. Die Feuerstelle kann jedoch auch an der Außenwand oder an der Wand zum Ern hin liegen. Die wechselnde Lage des Herdes scheint darauf hinzuweisen, daß er ursprünglich frei im Raume gelegen hat, einen sicheren Anhaltspunkt hierfür gibt es nicht mehr.
Alte Leute erinnern sich zuweilen noch an einen halbkreisförmigen aufgemauerten Herd, in dessen Wärme sich die "Hämelmüüs", die

Heimchen, gern aufhielten. Den Abschluß dieses Herdes bildete eine Eisenplatte.
Das offene Herdfeuer ist seit Menschengedenken verschwunden, während zuweilen noch die alten Feuergeräte, "Hoal Isen" und "Hoal", die beim alten Gerümpel lagen, bekannt sind, ein Zeichen dafür, daß vor nicht sehr langer Zeit auf offenem Feuer gekocht wurde. Das beweisen auch noch die Feuerverordnungen aus dem 18. Jahrhundert.
So bestimmt z.B. eine Feuerverordung von 1728: "Es soll auch das Herdfeuer, besonders vor schlafen gehen fleißig zugescharret und mit sonderlich dazu bereiteten Deckeln zugedecket werden, damit die Katzen nicht dazu kommen und Feuer im Haus herumtragen können" (164), und noch 1782 beschwert sich der aus dem Nassauischen ins Siegerland zugezogene Inspektor Karl Sckell (165) über die feuergefährliche Einrichtung der Siegerländer Häuser (166), wie leicht könne das Feuer aus der Küche durch Hunde und Katzen in die Ställe oder auf den Speicher gebracht werden.
Auch Jung-Stilling, der 1740 im Siegerländer Dörfchen Grund bei Hilchenbach geboren wurde, hat eine offene Herdstelle vor Augen gehabt, wenn er in seiner Jugendgeschichte berichtet, daß seine Großmutter, Margarete Stilling ein Stück Pfannkuchen für ihren Mann "auf einem irdenen Teller in der heißen Asche" bereitgestellt hatte (167; vgl. Abb. 23).
Der gemauerte Herd wurde Ende des 19. Jahrhunderts allgemein vom sogenannten "Sparherd" abgelöst, einem runden Eisenherd mit Einsatzlöchern für eigens dafür hergestellte Töpfe. Im Westerwald wurde dieser Herd sogar durch Verordnung, zur Besserung der Holzknappheit, eingeführt (168).
Bereits 1811 bietet eine Anzeige einen derartigen "Sparherd" zum Verkauf an (169), nämlich "eine vor zwei Jahren erst in Ebersbach neu gegossene Kochmaschine zu vier Einsatztöpfen und einem Brat- oder Backöfchen mit den nöthigen Thüren und Zugröhren versehen". Diese Herde scheinen also schon Anfang des vorigen Jahrhunderts aufgekommen zu sein, aber wahrscheinlich zunächst nur im Bürgerhaushalt.
Von dem oben erwähnten Karl Sckell erfahren wir auch etwas über die Beschaffenheit der Rauchabzüge des Siegerländer Bauernhauses im 18. Jahrhundert (170). Er berichtet, daß die Küchen, die

gewöhnlich durch beide Geschosse des Hauses ohne Zwischendecke reichen, keinen Rauchfang besitzen. Die mit Lehm bestichenen Schornsteine fangen erst im Dachgeschoß an. Eine derartige Küche, die heute allerdings nur als Abstellraum benutzt wird, ist noch im Hause Daub in Eschenbach bei Netphen erhalten.
Die völlig rauchgeschwärzten senkrechten Wände gehen in der Höhe des Dachbodens in den sich nach oben hin verjüngenden Schornsteinmantel über. Die Küche ist ein hochgestreckter, schlotartiger Raum, den man - abgesehen von der Verbindung nach draußen durch ein Fenster - in seinem Äußeren mit der sogenannten Schwarzen Küche vergleichen kann, die in weiten Teilen Mitteleuropas verbreitet ist (171). Die Siegerländer Schlotküche hat jedoch genetisch nichts mit der Schwarzen Küche zu tun. Diese ist durch Umhüllung der frei im Hause liegenden Herdstelle entstanden (172). Hierbei ist der Rauchfangmantel wandbildend geworden. Die Gestalt der Siegerländer Schlotküche dagegen wird gerade umgekehrt durch das Fehlen jeglichen Rauchfangmantels bestimmt. Ihre Wände sind - abgesehen von der Trennwand zum Hausflur hin, die eine junge Erscheinung ist - die alten, den Ern abschließenden Wände und daher so alt wie der Feuerraum selbst.
Diese rauchfanglosen Küchen, die Sckell bemängelt, scheinen jedoch im Siegerlande nicht in der Überzahl gewesen zu sein, wenigstens hat man heute fast immer über der Herdstelle einen mantelartigen Überbau errichtet, der sich nach oben hin zu einem Schacht verschmälert (173). Dieser Rauchfang, die "Herw" (174), besteht in seinem unteren Teil aus Holz, in seinem oberen Teil, der bald in den Kamin übergeht, aus mit Lehm beworfenem Rutengeflecht.
Ein derartiger Rauchabzug wird in einer Feuerverordnung aus dem Jahre 1728 bereits beschrieben (175): "Alle diejenige, welche Unvermögenheit halber die Schornsteine auf dem Lande nicht mit Bausteinen aufführen können, dahin angehalten seyn, die hölzerne Schornsteine in behörige Weite und so verfertigen zu laßen, daß derselbe der Behör gezeunet und darauf so wohl in- als auswendig alles Holz handdick in Leimen gesetzt, und darinnen beständig erhalten werden könne, wie dann auch deßen Busen so wohl als desjenige Gebälk, so über dem Feuer in demselben sich befindet, nebst dem Mundloch des Schornsteins durchgehend der Behör in

Leimen... überzogen..."
Das in dieser Verordnung vorkommende Wort "Busen" als Bezeichnung für den Rauchmantel ist im Siegerland unbekannt und wird hier stets durch "Herw" ersetzt. "Busen" oder "Bosen" ist eine niederdeutsche, "Herw" eine rheinische Bezeichnung.
Zwei Jahrzehnte nach dem Erlaß obiger Verordung werden diese sehr feuergefährlichen Schornsteine allgemein verboten. Es dürfen von nun an nur solche aus "gebackenen und Leimensteinen" gemauert werden, im Gegensatz zu den "schlechten von blosem Holz... aufgeführten" (176). Auf dem Lande hat man sich jedoch nicht an diese Verfügung gehalten, denn dort waren noch gekleibte Schornsteine bis in die Zeit nach dem ersten Weltkrieg in der Überzahl.
Schornsteinlose Häuser lassen sich für das Siegerland nicht mehr belegen, weder aus schriftlichen Quellen noch aus mündlichen Berichten. Rauchabzüge scheinen schon in den 80er Jahren des 18. Jahrhunderts üblich gewesen zu sein, da die oben erwähnte Schlotküche, die Sckell beschreibt, bereits einen Schornstein besitzt. Außerdem hat Sckell, der mit den hausbaulichen Verhältnissen des Siegerlandes in seiner Zeit vertraut war, niemals ein Rauchhaus erwähnt, das ihm unbedingt Anlaß zur Kritik gegeben hätte.
Der Rauchabzug ist also schon verhältnismäßig früh im Siegerlande eingeführt worden, und zwar unter mitteldeutschem Einfluß, denn im angrenzenden niederdeutschen Gebiet sind die Schornsteine bedeutend jünger. Hier findet man noch häufig rauchgeschwärztes Sparrenwerk, das im Siegerlande, so weit mir bekannt, nicht mehr vorkommt (419).
Die Küche ist von jeher mehr Wirtschafts- als Wohnraum. Sie hat also mitteldeutsche Eigenart (177). Heute noch steht meistens neben dem Eisenherd auch der Viehkessel. Das behagliche Sitzen um das Herdfeuer an Winterabenden - wie es in Niederdeutschland üblich ist - kennt der Siegerländer nicht. Zum Begriff der Behaglichkeit ist ihm der Stubenofen geworden.
Die Küche ist daher nur auf wirtschaftliche Zweckmäßigkeit eingerichtet und mit dürftigem Mobilar ausgestattet. Ein großer, vierkantiger Tisch, einige dreibeinige Schemel und zuweilen noch ein Regal für Schüsseln und Töpfe sind oft die einzigen Möbelstücke. Ferner wird hier der Backtrog aufbewahrt, wenn er nicht auf dem Ern oder auf der Tenne steht.

24 Holzhausen, Kapellenweg 4, ehem. Schule, Verrußtes Dachwerk; liegende Stuhlsäule (1986)

25 Grund, Jung-Stilling-Str. 15, 1767, Stube (1987)

Zuweilen hat noch ein Schrank in der Küche seinen Platz, die sogenannte "Arechde" (Anrichte) (178). An eine in die Küchen-Stubenwand eingelassene Anrichte, durch die Speisen in die Stube geschoben werden können (179), besteht heute im Siegerlande keine Erinnerung mehr. Bierau (180) kennt diese Einrichtung als "Anricht" für diejenigen Hunsrücker Häuser, die keine direkte Türverbindung von der Küche zur Stube haben. "Diese Öffnung ermöglicht die Durchgabe der Speisen aus der Küche nach der Wohnstube, ohne erst den Weg durch den Hausgang nehmen zu müssen" (181). Im Siegerlande kann man jedoch die Wohnstube fast immer von der Küche aus betreten. Darum ist diese Art der Anrichte überflüssig.
In junger Zeit geht man mehr und mehr dazu über, die Küche zu einer Wohnküche umzugestalten. Der offene Rauchfang oder der schlotartige Raum über der ganzen Küche wird zugebaut, der Lehmfußboden oder die Steinpflasterung durch Fliesen oder Bretter ersetzt. Schon dadurch wird der Raum wohnlicher. Das Familienleben, das sich bislang in der Stube abgespielt hatte, zieht sich nach und nach in die Küche, die häufig mit Polsterbank oder Ledersofa ausgestattet ist. So wird ein Teil der alten Stubeneinrichtung in die Küche verlegt. Die Stube erhält neue Möbel und wird vielfach zur "guten Stube", zum unbewohnten Prunkraum.

b. Die Stube

Wie im gesamten ober- und mitteldeutschen Raum war auch im Siegerland bis vor kurzem der eigentliche Wohnraum die Stube. Hier vollzog sich der wesentlichste Teil des häuslichen Lebens, hier versammelte sich die Familie zu den Mahlzeiten und nach Feierabend, hier wurde gesponnen, gewebt und genäht (182). Nach der Aussage des Siegerländer Bauern war die Stube die "Werkstie" (Werkstatt) des Hauses (183), in der auch nicht selten der Webstuhl untergebracht war (184). Sie war der Kulturraum, und als solcher blieb sie frei von allen niederen Arbeiten und nur die ruhigen Handarbeiten und Hausarbeiten wurden hier verrichtet. Heute besitzen nur noch sehr wenige Bauern eine solche echte W o h n stube (402).
Schon sehr früh scheint die Stube als selbständiger Raum ausgebildet gewesen zu sein, da ja bereits die ältesten Inventare aus dem 16. Jahrhundert die Stubeneinrichtung kennen. Aus ältern

Archivalien etwas über eine Bauernstube zu erfahren, ist schwierig, da von Inneneinrichtungen der einfachen Bauernhäuser, so weit mir bekannt, nie die Rede ist.
Die Wohnstube liegt meist auf der breiteren linken Hausseite neben der Küche. Beim quergeteilten Hause nimmt sie fast immer die gesamte Hausbreite ein, beim längsgeteilten ist ihr in den meisten Fällen ein Stall vorgelagert. Hier ist sie typengeschichtlich aus der Abtrennung eines Fletarms und dort aus der Längs-Aufspaltung des Ern entstanden.
Die Hauptkennzeichen der Stube sind Ofen und raumabtrennende Decke (185). Die Geschichte der Decke ist mit der Entwicklung der Stube eng verbunden, denn oft nennen die alten Quellen Stube und Decke in einem Atem (186). Die Stube ist der erste Raum des Siegerländer Hauses, der eine Decke erhalten hat (187). Dadurch entstand ein kistenartiges Gebilde innerhalb des deckenlosen Hauses (188). Ein solcher Zustand ist noch vereinzelt bei alten Siegerländer Häusern zu erschließen.
Nach Aussagen der Bewohner des Hauses Wunderlich in der Oberhees bei Kreuztal liefen dort noch bis 1925, mit Ausnahme der Stube, sämtliche Räume ohne Zwischendecke durch das ganze Haus bis unter den Dachraum. An ein Haus mit ähnlichen baulichen Verhältnissen erinnert sich noch eine 1873 geborene Frau aus Langenholdinghausen. Dieses Haus wurde bereits in ihrer Jugend abgebrochen.
Der älteste Stubenofen ist ein Hinterlader. Sein Feuerloch befindet sich meist neben der Herdstelle in der Küche. Er besteht aus sechs rechtwinklig ineinander gefügten Gußeisenplatten und erinnert in seiner Form an die Hinterlader-Öfen Norddeutschlands. Die Platten sind häufig mit biblischen Motiven verziert, die zuweilen die Rückkehr des verlorenen Sohnes darstellen. Darum nennt man den Ofen schlechthin den "Verlorenen Sohn" (189) oder auch allgemeiner "Bibeloawe" (Abb. 26). Die Bezeichnung "Verlorener Sohn" ist ebenfalls im benachbarten Kreise Altenkirchen und im Westerwald bekannt (190). Heute ist dieser Vierkant-Ofen nirgendwo mehr im Siegerlande zu finden, und nur die ältesten Leute vermögen sich seiner zu erinnern.
Eine Verordnung aus dem Jahre 1776 bezeichnet bereits diese Art Öfen als feuergefährlich und bestimmt, sie nach und nach abzuschaffen (191). Sie waren aber trotz dieser Verordnung noch bis

zum Ende des vorigen Jahrhunderts vereinzelt im Gebrauch.
Weniger feuergefährlich sind Öfen, auf deren vierkantigen unteren Kasten ein schmaleres schrankartiges Oberteil aufgesetzt wird. Aus diesem sesselförmigen Ofen entwickelt sich dann der Kanonenofen, der jenem in dem Prinzip gleicht. Statt der kastenförmigen setzt man nun säulenartige Teile aufeinander. Diese Ofenform ist heute noch sowohl als Hinterlader- wie als Vorderladerofen in alten Bauernhäusern im Gebrauch (Abb. 27).
Der säulenförmige Hinterlader ist in Niederdeutschland unbekannt. Dort verbindet sich mit dem Begriff des Hinterlader-Ofens stets die Kastenform. So hebt z.B. Maria Rörig (192) besonders hervor, daß der Ofen des Dorfes Endorf im Sauerland nach den Schilderungen alter Leute rund gewesen ist, im Gegensatz zu den Öfen, die sie selbst im oberen Sauerlande gefunden hat. In Endorf hat sich offensichtlich schon mitteldeutscher Einfluß in der Ofenform geltend gemacht.
Der Plattenofen ohne Aufsatz ist dagegen heute in Mitteldeutschland nicht mehr anzutreffen. Er wird wohl im Laufe des 18. Jahrhunderts durch Feuerverordnungen abgeschafft worden sein, wie die oben angeführte Nassau-Siegensche Verordnung vermuten läßt. Siegerland und mittleres Siegtalgebiet sind die südlichsten Landschaften, in denen der Kastenofen ohne Aufsatz noch aus der Erinnerung bekannt ist. Holschbach (193) dagegen kennt für den Kreis Altenkirchen nur Aufsatzöfen und zwar runde sowohl wie vierkantige, desgleichen Behlen für das Nassauische Gebiet (194). In der Eifel dagegen scheint es nur noch den runden Hinterlader zu geben (195), ebenso im Hunsrück (196).
So läßt sich eine Staffelung der Hinterlader-Ofen-Formen von Süden nach Norden feststellen: im Bereich des mitteldeutschen Ernhauses ist nur noch der Aufsatz-Ofen bekannt, in den Mischgebieten von mittel- und niederdeutschen Hausformen, zu denen ja das Siegerland gehört, sind beide Formen, aufsatzlose sowohl wie solche mit Aufsatz, und in den rein niederdeutschen Hausbau-Gegenden nur aufsatzlose Öfen üblich.
In dem Ofenaufsatz sind ein oder zwei mit Eisentürchen versehene Nischen eingebaut, die dem Warmhalten von Speisen dienen. Im Winter wird wohl auch das Kaffeewasser darin zum Sieden gebracht. Diese Nischen nennt man im Siegerland "Kacheln", und den Ofen

26 Etzbach bei Hamm/Sieg, Haus Radermacher, Hinterlader-Ofen ("Verlorener Sohn")

27 Roddern, Haus Groß, Kanonenofen (Vorderlader)

nach ihnen mitunter "Kacheloawe" (197). Diese "Kacheln" haben - wie die Tonkacheln - den Zweck, den Wärmeraum des Ofens zu vergrößern. Der eiserene "Kacheloawe" des Siegerlandes ist also nach dem Prinzip des echten Tonkachelofens eingerichtet, der seit dem 14. Jahrhundert im oberdeutschen Bauernhaus bekannt ist und sich von dort aus nach Norden verbreitet hat (198), allerdings hier mehr in Bürgerhäusern anzutreffen ist als auf dem Lande (199).
Im Nassauischen Bauernhause ist ein Kachelofen mit einem eisernen Untersatz bekannt (200). Es ist fraglich, ob er im Siegerländer Bauernhause üblich war. Schmoeckel berichtet zwar von "steinernen Kachelöfen", die zu seiner Zeit noch vereinzelt im Siegerlande vorgekommen wären, doch wird es sich hierbei wahrscheinlich um Öfen aus dem Bürgerhause gehandelt haben, denn heute bestätigen - selbst die ältesten Leute immer wieder, einen aus Tonkacheln hergestellten Ofen nie gekannt oder davon gehört zu haben.
Außerdem werden bereits in den Inventaren aus der Mitte des 16. Jahrhunderts stets eiserne Öfen erwähnt, während, so weit mir bekannt, nur einmal, und zwar in dem erwähnten Verzeichnis des Hilchbacher Pfarrhauses von 1541 (201), von einem Kachelofen die Rede ist, der sich dazu in einem für das Siegerland sonst völlig unbekannten Raum, einer Badestube, befindet.
Da der Kachelofen erst im Laufe des 14. Jahrhunderts im oberdeutschen Bauernhause Fuß fast und seit der Zeit erst seinen Zug nach Norden nimmt, kann er nicht viel früher als zu Beginn des 16. Jahrhunderts im Siegerland aufgekommen sein, in einer Zeit, in der den Archivalien zufolge schon der eiserne Ofen üblich ist. In einem Eisenlande, wie dem Siegerland, in dem die Öfen zum Teil sogar h e r g e s t e l l t werden, kann natürlich der landfremde Tonofen keinen Fuß mehr fassen. Daß dagegen sein Prinzip, die Wärmefläche möglichst groß zu gestalten, übertragen wird, liegt auf der Hand.
Beim Siegerländer Hinterlader-Ofen führt ein Vierkantiger Schacht, der "Oawehals" vom Feuerraum durch die Küchenwand. Das Feuerloch, "Oaweloch", befindet sich in der Küche (202). Früher stand auf dem Ofenhals ein mit Wasser gefüllter Topf, der ungefähr 20 Liter faßte, das sogenannte "Oawedöppe" (203). Zuweilen war dieser Topf, der ständig warmes Wasser lieferte, oberhalb des Ofenhalses in die Wand zwischen Küche und Stube eingelassen und

mit einem Hähnchen zur Küche hin versehen, das eine leichtere Wasserentnahme ermöglichte (Belegort Wahlbach).
Man darf vermuten, daß der Ofentopf sachlich dem "Kuchen" oder "Kachen" entspricht, das die Inventare des 16. Jahrhunderts erwähnen (204).
Die Einrichtung des Ofentopfes ist weit in Mitteldeutschland verbreitet. Ehemann kennt sie für Wetterau und Vogelsberg (205), Bierau für den Hunsrück (206), Holschbach für den Kreis Altenkirchen (207), und Behlen (208) erwähnt ein Wasserschiff in der Nische, die Unter- und Oberteil des Aufsatzofens bilden, im Prinzip also die gleiche Einrichtung wie der Ofentopf des Siegerlandes. Auch in Nordböhmen ist der Ofentopf bekannt, der dort Wasser- oder Kochblase genannt wird (209). Er ist für den dortigen Bauern so bedeutend, daß er fast immer in alten Kaufverträgen erwähnt und oft sogar als Vertreter des gesamten Ofens genannt wird (210).
Als Brennmaterial diente ursprünglich Haubergsholz, das der geringen Tiefe des Ofens wegen in Stücke von rund 30 cm geschnitten werden mußte. Größere Holzscheite konnten nur aufrechtstehend verbrannt werden (211). Bequeme Leute schnitten sich jedoch das Holz nicht erst zurecht. Sie verheizten ganze Baumstämme, indem sie durch die offen stehende Tür vor dem Heizloch das Holz immer weiter nachschoben. So berichtete die 82jährige Frau aus Langenholdinghausen von einem Bauern aus dem Nachbardorf: "Se woarne so fuul, dat se Längde va Houbergsholz zum Oawe nee stobbde, de zo dr Hingerdör rußsouhe" (Sie waren so faul, daß sie lange Hölzer aus dem Hauberg in den Ofen steckten, die zur Hintertür herausragten). Das mag vielleicht ein wenig übertrieben sein, aber es zeigt doch, daß man es oft nicht für nötig hielt, das Holz so klein zu hacken, daß es in den Ofen paßte.
Diese Art zu heizen muß früher häufig vorgekommen sein, da sogar in einer Feuerverordnung vom 27.11.1749 geboten wird: "Niemand soll mit ungeschnittenem Holz, dergestalt, daß die Scheiter zum Ofenloch heraussehen, einheitzen oder einheitzen lassen" (212).
Der große Feuerraum in den Hinterladeröfen verbrauchte viel Brennholz, das jedoch bei den Siegerländer Bauern, die als Haubergsbesitzer ihr reichliches Brennholz aus dem Walde holen können, keine Rolle spielt. So kommt es, daß sich der Hinterlader

vereinzelt noch heute großer Beliebtheit erfreut, weil er die Stube frei von Aschenstaub hält. Ein Grund zur Beschaffung eines Ofens, der von der Stube aus geheizt wird, ist wohl die Einrichtung der Küche als Wohnraum. Das Feuerloch macht den Raum ungemütlich.

Ende des 18. und Anfang des 19. Jahrhunderts sind Vorderlader-Öfen noch eine Besonderheit, wie aus Verkaufsanzeigen aus dieser Zeit zu schließen ist. So lautet eine Anzeige aus dem Dillenburger Intelligenzblatt vom 1. Mai 1773: "In Dillenburg steht ein neuer runder eiserner Ofen nebst einer langen blechernen Röhre um den billigsten Preis zu verkaufen. Er ist so eingerichtet, daß er auch in der Stube geheitzet werden kann und in solcher Absicht mit einem blechernen Thürchen versehen". Eine zweite Anzeige aus dem Jahre 1811 bietet "zwey Stubenöfen zum Einheizen innerhalb des Zimmers eingerichtet" (213) zum Verkauf an.

Beide Anzeigen erwähnen ausdrücklich, daß der Ofen von der Stube aus geheizt werden kann, ein Zeichen dafür, daß diese Art zu heizen damals auch nicht im Bürgerhause die selbstverständliche war.

Über dem Ofen befindet sich in der Regel als Trockengestell ein Rahmenwerk aus Holz, später aus Eisenstäben. Die Enden sind oft mit geschnitzten Tierköpfen verziert. Ein besonderer Name für dieses Trockengestell ist nicht bekannt. Das Siegerländer Wörterbuch nennt es "Drüjsdang" oder "Oawedröj" (214) (Trockenstange, Trockengestell, Ofentrockner).

Zuweilen ist die Stubendecke oberhalb des Ofens mit einem verschließbaren Wärmeloch, dem "Hetzeloch", versehen, das die Wärme zu der darüber liegenden Kammer leitet. Diese Kammer dient gewöhnlich als Schlafraum oder als Webstube. Die Vorrichtung des Wärmelochs ist im gesamten Nassauischen Gebiet verbreitet (215), ebenso im Hunsrück (216), also wahrscheinlich auch eine mitteldeutsche Einrichtung.

Eine Heizvorrichtung, die sich allerdings für das Siegerland nicht mit absoluter Sicherheit belegen läßt, ist die Tackenheizung. Hinter dem Herdfeuer ist die Wand zur Stube hin durchbrochen und diese Öffnung an der Küchenseite mit einer Eisenplatte verschlossen, die die Wärme des Herdfeuers der Stube übermitteln und diese - beim Rauchhaus - gleichzeitig vor Ruß und Rauch schützen soll (217). Diese Platte heißt allgemein "Tacke" (218) oder "Tackeneisen". Die Verbreitung der Tackenheizung erstreckt sich von Lothringen über das Saargebiet, dem Hunsrück, die Eifel bis über den Rhein ins Bergische und ins westliche Sauerland hinein (403).

Schmoeckel (219) behauptet, das Wort "Zacke" (220) im Siegerland als Bezeichnung für den nischenartigen Raum, den Stubenofen und Küchenwand miteinander bilden, gehört zu haben, und schließt daraus, daß auch die Tackenheizung früher im Siegerland bekannt gewesen ist.

Wort und Sache kennen jedoch selbst die ältesten Leute nicht mehr. Aus diesem Grunde ist auch das Wort im Siegerländer Wörterbuch (221) nicht vertreten, ebensowenig ist es dem Bearbeiter der erweiterten Neuauflage des Wörterbuches, Hermann Reuter, bekannt, wie er mir freundlicherweise mitgeteilt hat.

Allerdings ist in dem im Südwesten an das Siegerland angrenzenden Wildenburger Gebiet die Redensart geläufig "im Zacken sitzen" (222), d.h. hinter dem Ofen sitzen, nämlich in der Nische, in der einmal das Tackeneisen gesessen hatte (223). Wahrscheinlich hat Schmoeckel in dieser Gegend das Wort "Zacken" gehört und daraus auf eine Verbreitung auch im Siegerland geschlossen.

Maria Rörig belegt die Tackenheizung archivalisch für den südlichen Kreis Arnsberg für das Jahr 1664, wo in einem Rauchschatzregister bei drei kleineren Häusern des Ortes Endorf ein "Fewr vorm Zacken" genannt wird (224). In demselben Ort wird noch 1824 in einem Inventar ein Tacken in der Küche erwähnt (225).

Weil die Tackenheizung in etlichen angrenzenden Landschaften bezeugt ist, kann es sein, daß sie auch ursprünglich im Siegerland vorhanden war. Vielleicht lassen sich dafür einige Anhaltspunkte feststellen.

Das Tackeneisen bildet oft die Rückwand eines in der Tackennische eingebauten Schrankes (226), dessen Tür aus einem losen Holzgitter besteht, damit die Wärme ungehindert in die Stube dringen kann. Im unteren Schrankteil wird zuweilen die Wäsche getrocknet (227), während im oberen Teil häufig die zum Abrahmen bestimmte Milch ihren Platz hat (228), da sich durch die Wärme die Rahmbildung beschleunigt.

Aus diesem Tackenschrank kann sich, wenn die Einrichtung der

Tackenheizung verschwunden ist, ein regelrechter Wandschrank (229) entwickeln. Auch in vielen Siegerländer Bauernstuben ist in der Wand zur Küche hin neben dem Ofen ein Schrank eingelassen, der manchmal zu einem wahren Prachtstück gestaltet ist (Abb. 35). Hier steht noch oft die Milch zur Rahmbildung in den sogenannten "Schmanddöppe", die in den Bauernstuben, in denen der Wandschrank fehlt, auf einem Regal, dem "Schäftche" in der Ofennische ihren Platz haben. Wandschrank und Regal könnten vielleicht als die letzten Zeugen für einstiges Vorhandensein der Tackenheizung angesehen werden, was sich jedoch weder sachlich noch urkundlich beweisen läßt.

Oft ist von der Stube eine kleinere Kammer abgetrennt, "sdüofche" (allgemein) oder "Näwesduof" genannt, die gewöhnlich als Schlafraum benutzt wird. Der Behauptung Schmoeckels, Wohnstube und Kammer seien eher voneinander abgeschert gewesen als Küche und Hausflur (230), kann nicht zugestimmt werden, da man die Abgliederung der Kammer noch fassen kann, während die Aufspaltung des Ern in Küche und Hausflur sich im allgemeinen bis spätestens zum Ende des vorigen Jahrhunderts bereits vollzogen hatte (231).

Die Abtrennung der Kammer von der Stube ist im gesamten mitteldeutschen Hausgebiet durchgeführt und überall eine junge Erscheinung (232, 404).

Im Siegerlande lassen sich bei diesem Abgliederungsvorgang drei Stufen verfolgen, die sämtlich heute noch faßbar sind.

1. Ursprünglich ist die Stube neben dem Eß- und dem Wohnraum zugleich die Schlafstelle. Alte Leute entsinnen sich oft noch, daß in der langgestreckten Stube an einer meist fensterlosen Schmalwamd das breite Ehebett stand, das mit einem Vorhang verdeckt werden konnte. An eine eingebaute Bettnische besteht keine Erinnerung, auch in alten Inventaren ist nie die Rede davon (233).

Im mittel- und oberdeutschen Raum ist die bewegliche Bettstelle schon früh bekannt (234). Das Gleiche wird wohl auch für das Siegerland gelten. Außerdem begnügte man sich früher nicht selten mit dem Schlafen auf dem bloßen Erdboden oder auf der Bank (235). Die Bettstelle in der dunklen Stubenecke kann noch eine Erinnerung daran sein. Die Stubenbank, die heute vor der Bettecke endet, lief ursprünglich an sämtlichen Stubenwänden entlang. Das

28 Anzhausen, Anzhäuser Str. 23, Schrankwand zwischen Stube und Nebenstube (1986)

29 Mittelhees, Haus Müller, Stubenwand (H. Richter; vgl. Schepers S. 136)

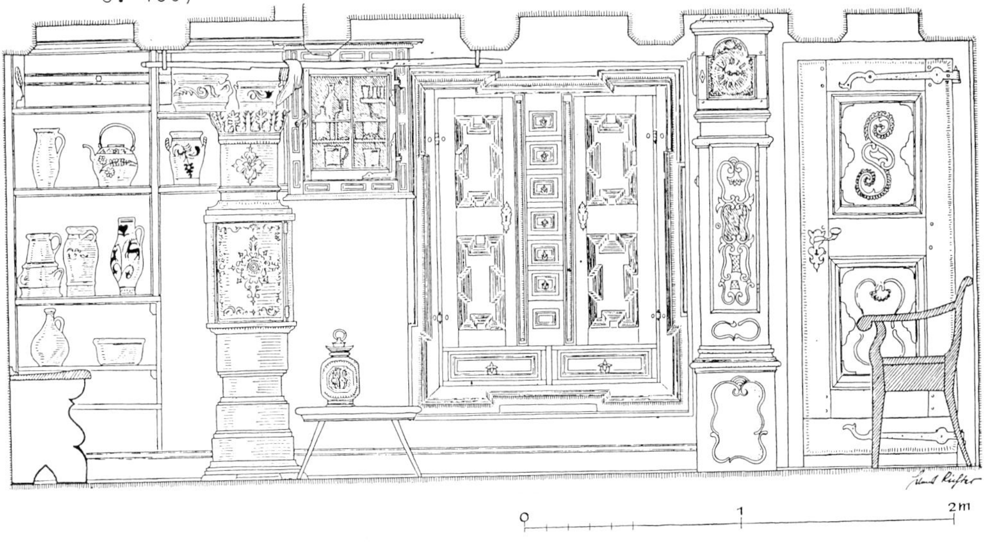

Bett ist wahrscheinlich an die Stelle des alten Schlafplatzes auf der Bank getreten.

Diese langgestreckten, geräumigen Stuben, in denen bis um die Jahrhundertwende oft die Bettstelle ihren Platz hatte, kommen heute noch vor. Hier hat sich noch keine Kammer abgegliedert.

2. In anderen Häusern ist der Schlafraum von der Stube notdürftig abgetrennt. Zuweilen teilt ein Schrank, der ungefähr Dreiviertel der Raumbreite einnimmt, die Bettecke von der Wohnecke der Stube ab (Abb. 28).

Häufig ist bereits eine regelrechte Trennwand gezogen, die aber entweder aus lockeren Brettern besteht, die in Dreiviertel der Stubenhöhe enden (236), oder eine fenstergroße Öffnung besitzt, die nur mit einem lockeren Holzgitter verschlossen wird. Es besteht hierbei also stets noch Luftverbindung zwischen der heizbaren Stube und dem Stübchen.

Eine andere Lösung, dem Stübchen die Ofenwärme zu vermitteln, läßt nur noch wenig von dem ehemaligen Zusammenhang der beiden Räume erschließen. Hier ist mitten in die Trennwand der Stubenofen eingesetzt, der nun beide Räume zugleich heizen kann. Es ist klar, daß diese Wand wegen der Feuergefahr nicht mehr locker aus Brettern zusammengefügt sein darf. Sie unterscheidet sich nicht mehr von den übrigen Wänden im Hause. Die alte Verbindung zwischen Stube und Stübchen wird nur noch durch den Ofen zum Ausdruck gebracht, der einen Teil der Trennwand bildet.

3. In einigen Bauernhäusern ist die Absonderung des Stübchens bereits vollkommen durchgeführt. Hier besteht - abgesehen von einer Tür - keinerlei Verbindung mehr zur Stube hin. Die Trennwand schließt vollkommen dicht ab. Die alte Einheit ist nicht mehr zu erkennen. Aber trotzdem zieht man es nach Möglichkeit vor, wärmemäßig mit der geheizten Stube in Verbindung zu bleiben, entweder durch das Ofenrohr, das durch das Stübchen gezogen wird, oder durch eine Blechplatte, in einer Wandlücke hinter dem Stubenofen, vielleicht eine Nachahmnung der alten Tackenheizung. Beide Arten, das Stübchen zu erwärmen, sind natürlich nur möglich, wenn die ursprüngliche Beheizung der Stube von der Küche aus bereits aufgegeben worden ist.

Zu Beginn dieses Kapitels ist die Stube als der Raum gekennzeichnet worden, in dem sich der größte Teil des häuslichen Lebens abspielte. Der alte Feuerraum hat im Siegerland, wie im gesamten mitteldeutschen Hausgebiet, seine Bedeutung als Hauptraum im Hause im wesentlichen an die Stube abtreten müssen. Der Herd ist nur noch die eigentliche Kochstelle geblieben. Kleinere Gerichte wurden zuweilen sogar im Stubenofen gebacken.

Ein typisches Gebäck, dessen Herstellung an den Ofen gebunden ist, sind die sogenannten "Schmatzzäckel" (237). Ein Teig aus Hafermehl, Kartoffeln, Hefe, Milch und Eiern (238) wird an die heiße Ofenwand geworfen, d.h. "geschmatzt", wo er "bäckeln", d.h. haften bleibt, bis er, goldgelb gebacken, herunterfällt. Dieses Gericht ist nach Berichten alter Leute früher sehr beliebt gewesen.

Der Stubenofen diente außerdem ursprünglich als Dörrofen, sei es zum Trocknen des Holzes oder zum Dörren des Flachses und des Obstes. Davon zeugen Feuerverordnungen aus dem 17. und 18. Jahrhundert, in denen das Flachsdörren in Stubenöfen verboten (239) und zur Vorsicht beim Obstdörren (240) und Reisigtrocknen (241) gemahnt wird. Das Sterberegister der Kirchengemeinde Holzklau berichtet von einer Frau, die 1625 beim Flachsdörren in der Stube elendig verbrannt ist (242).

Als Spinn- und Webraum muß die Stube genügend Licht erhalten. Verhältnismäßig groß ist daher die Zahl der Fenster. In dem Winkel, der von den beiden Fensterwänden gebildet wird, steht der lange, viereckige Tisch, dahinter die Bänke, die unter den Fenstern über Eck in die Wände eingelassen sind. In dieser hellen Ecke werden die Mahlzeiten eingenommen.

Viel mehr ist an Mobiliar nicht vorhanden (243). Vom Schrank, der oft in die Wand neben dem Ofen eingelassen ist oder die Trennwand zum Stübchen hin bildet, ist schon die Rede gewesen, ebenso von dem Milchschaft. Zuweilen ist außerdem noch ein Eckschäftchen vorhanden, auf dem das "Schälches-Säjjelche" (244), ein Körbchen zur Aufbewahrung der Kaffeetassen, und das Eßgeschirr ihren Platz haben.

Mitunter wurde früher im Winter der Webstuhl in die Stube gerückt, oder er bekam seinen Platz im angrenzenden Stübchen. Nur wohlhabende Bauern besaßen eine besondere Webstube, die meistens im Obergeschoß über der Wohnstube lag, mit der sie durch das bereits erwähnte "Hetzeloch" verbunden war.

Man kann wohl mit Recht annehmen, daß Einrichtung und Wohncharakter der Siegerländer Bauernstube nach Mitteldeutschland weisen, dem Gebiet, in dem die Stube schon früh ausgeprägt war, Schlaf-, Wohn-, Arbeits- und zuweilen Kochraum zugleich.
Wir haben gesehen, daß der Wunsch nach Aussonderung des Schlafraumes aus dem Wohnraum zur Abtrennung einer Kammer, des "Stübchens", geführt hat, das jedoch fast immer wärmemäßig mit der Stube in Verbindung geblieben ist.
Heutzutage findet man nur noch wenige Bauernstuben mit ursprünglicher Ausstattung. Mit Einrichtung der Wohnküche sind die Stuben meist zu Prunkräumen geworden, in denen nur noch hin und wieder ein besonders schönes altes Möbelstück als sogenanntes "Altertum" erhalten ist, das sich oft sonderbar und verloren zwischen den modernen Einrichtungsstücken ausnimmt.

c. Das Obergeschoß

Küche und Stube sind oft die einzigen Wohnräume des Erdgeschosses. Von einer kleinen Vorratskammer, die zuweilen seitlich neben der Küche liegt, ist im Abschnitt über den Grundriß bereits gesprochen worden.
Das Obergeschoß dient in jüngster Zeit nahezu ausschließlich reinen Wohnzwecken, und zwar befinden sich heute dort die Schlafkammern. Ursprünglich dagegen waren die meisten Räume des Obergeschosses Vorratskammern, abgesehen von dem Raum über der Stube, der entweder damals schon als Schlafkammer oder als Webstube gedient hat.
In den meisten Teilen des Siegerlandes heißen die Räume im Obergeschoß "Kammer" und zwar jeweils nach ihrer Bestimmung: "Schlafkaamer" (daneben steht auch allgemein "Kaamer"), "Fröchde"- oder "Kornkaamer" und "Flaischkaamer". Im östlichen Siegerlande wird statt "Kaamer" das Wort "Böh" (245) gebraucht, das dem niederdeutschen Wort "Bön" oder "Bün" entspricht. Dieses Wort bezeichnet ebenfalls die oberen Räume im Bauernhause, die jedoch hier in den meisten Fällen noch nicht ausgebaut sind und sich noch nicht zu vollkommener Zimmerhöhe entwickelt haben. Dieser alte Zustand hat auch einmal für das Siegerland gegolten, als das Obergeschoß noch nicht vollkommen entwickelt war.
In der Frucht- oder Kornkammer wird das Mehl (246) und in der

HAUPTHAUS

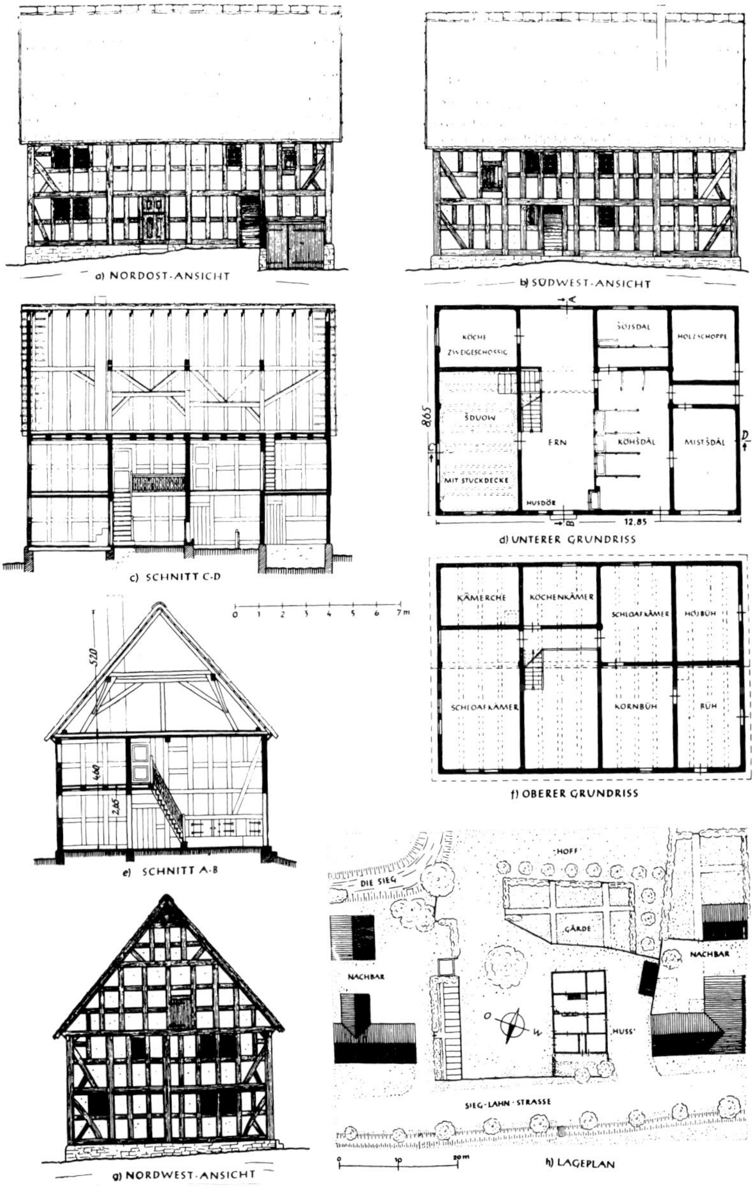

3o Nenkersdorf, Siegtalstr. 28 (vgl. J. Schepers, Tf. 289)

Fleischkammer das geräucherte Fleisch aufbewahrt (247). Die Fleischkammer, die im Osten des Landes neben "Flaischbüh" auch "Herwenbühnchen) genannt wird, liegt fast immer über der nunmehr mit einer Decke versehenen Küche und hat eine Türverbindung zum Rauchfang, der Herwe (248).
Zuweilen ist der Raum über den Ställen auch heute noch nicht ausgebaut. Er ist zum Dachboden hin offen und bildet den sogenannten "Heusturz" (249), in dem das Heu bis zum Dachboden hinauf gestapelt wird.
Man könnte geneigt sein, den Heusturz über den Ställen als rein niederdeutsche Sache anzusehen und ihm mit den Hillen über den Viehställen des Hallenhauses gleichzusetzen, in denen ja auch oft das Heu aufbewahrt wird. Das mag für den niederdeutschen Haustyp des Siegerlandes angehen. Diese Art der Heubergung ist jedoch bis nach Mitteldeutschland hinein bezeugt (250), und man kann sie daher nicht allgemein auf Einfluß des Hallenhauses zurückführen, zumal die Bezeichnung Heusturz nicht niederdeutsch ist.

3. Die Wirtschaftsräume

Bei den Wirtschaftsräumen unterscheiden wir Räume innerhalb des Wohnhauses und solche in getrennt liegenden Gebäuden, die jedoch, wie bereits geschildert, heute größtenteils an das Wohnhaus gerückt sind. Von den Wirtschaftsräumen innerhalb des Haupthauses - abgesehen von der Kammertenne - besteht in Aussehen und Nutzung kein Unterschied zwischen mittel- und niederdeutscher Bauform. Kammertenne und Scheune dagegen kommen nur bei mitteldeutsch beeinflußten Hausformen vor.

a. Der Dachboden

Im gesamten Siegerland dient heute der Dachboden, "Ollern" (251) genannt, der Erntebergung, gleich, ob es sich um einen nieder- oder mitteldeutschen Bautyp handelt. Beim giebelseitig aufgeschlossenen Hause wird die Ernte durch die Luke im Giebel, die "Aflaaring" (252), auf den Dachboden befördert. Häuser mit traufseitigem Aufschluß ohne Einfahrtsscheune haben einen vorgebauten Zwerchgiebel, durch dessen Öffnung das Erntegut eingeladen wird. Diese Dachgaupe heißt ebenfalls "Aflaaring" (253).

Oberhalb der "Aflaaring" befindet sich eine an einem eisernen Haken befestigte Rolle, über die das Seil läuft, an dem die Ernte hochgezogen wird. Zu diesem Zwecke bindet man im nördlichen Siegerlande das Heu vor dem Einfahren in große Leinentücher, "Heudööcher" genannt.

Bei den Häusern mit angebauter Scheune werden Getreide und Heu von der Einfahrtstenne aus in den darüber liegenden Bergeraum gebracht. Auch hier ist der Dachboden über dem gesamten Hause mit Erntevorräten gefüllt. Das liegt auf der Hand, denn Dachraum von Wohnteil und Scheune sind eins und werden daher bei dem Mangel an Banseräumen gemeinsam genutzt.

Oft hat der Siegerländer Bauer um die Jahrhundertwende - zugleich mit der Abschaffung der Strohbedachung - ein 1 bis 1 1/2 Meter hohes Kniestockwerk, den sogenannten "Drempel", auf sein Haus gesetzt, um dadurch den Dachraum zu erweitern.

Ursprünglich wurde das auf dem Dachboden des Wohnhauses lagernde Getreide durch den Rauch des Herdfeuers haltbar gemacht. Zu diesem Zwecke ließ man den Schornstein bereits in halber Höhe des Dachraumes enden (254). Der Rest eines solchen Rauchabzuges war noch bis zum Ende der 40er Jahre dieses Jahrhunderts im Hause Müller in Beienbach bei Netphen (1698) zu erkennen. Hier war auf einem kurzen Kaminstumpf nachträglich erst ein Fachwerkschornstein aufgesetzt. Der Stumpf bestand lediglich aus einem einfachen Holzrahmenwerk, mit lehmverschmierter Zäunung ausgefüllt (255, Abb. S. 6).

Von ähnlichen Rauchabzügen berichtet eine Notiz aus dem Jahre 1775 im Dillenburgischen Intelligenzblatt (256). Hier handelt es sich um eine Anfrage, wie die Schornsteine im Amte Burbach (südliches Siegerland) beschaffen seien, die bereits auf dem Dachboden enden, so daß durch den freiwerdenden Herd- und Ofenrauch die hier lagernden Früchte konserviert werden. Leider ist auf diese Anfrage niemals eine Antwort erschienen. Aus der Frage ist jedoch zu entnehmen, daß der auf dem Dachboden endende Kaminstumpf im südlichen and das Siegerland grenzenden nassauischen Gebiet nicht mehr bekannt war.

Die Sitte, den Rauch des Herdfeuers für die Haltbarmachung des Getreides zu nutzen, ist in Niederdeutschland weit verbreitet (257). Sie scheint mit dem niederdeutschen Haustyp ins Siegerland

31 Eschenbach, Berleburger Str. 23, angeblich 167o. Füllhölzer mit Schnitzwerk; Kniestock um 19oo aufgesetzt (1986)

32 Volnsberg, Quellenweg 8, Kniestock im frühen 2o. Jahrhundert aufgesetzt (1986)

eingewandert zu sein und sich dann auch auf die mitteldeutsche Hausform ausgedehnt zu haben, der sie ursprünglich fremd war, da sonst eine selbständige Scheune als Bergeraum nicht zu erklären wäre.
Der noch innerhalb des Dachbodens endende Kamin ist dem Hallenhause nicht bekannt (405). Er vermochte sich in einem Gebiete zu entwickeln, in dem altes Rauchhaus und moderner Rauchabzug einander überschneiden. Hier will man zwar die Art der Haltbarmachung des Getreides durch den Rauch, die man beim alten Rauchhaus erfahren hat, festhalten, jedoch die Vorzüge eines Hauses mit Schornstein, vor allem die rauchfreien Wohnräume, ebensowenig entbehren.

b. Der Keller

Die ältesten Häuser des Siegerlandes sind nicht unterkellert. Dafür besitzen sie oft eine Vorratskammer seitlich der Küche, die mitunter auch als "Keller" bezeichnet wird.
Steht das Haus mit der Rückseite an einem Bergabhang, so ist das hintere Ende des Ern häufig zum Keller geworden, der meist in dem Berg hinein verlängert ist. In diesem Falle liegt die Küche seitlich neben dem Ern.
Der unterirdische Keller liegt in den meisten Fällen unter der Wohnstube. In der ältesten Form ist er ein gewölbter, mit kleinen Steinen ausgemauerter Raum, der jedoch nicht mit den Kellergewölben der Klöster und Herrensitze zu vergleichen ist. Von großartiger Steinbautechnik kann gar keine Rede sein. Er ist lediglich eine Höhlung, mit Feldsteinen ausgeschlagen. Der Kellerraum ist oft so niedrig, daß man sich nur gebückt darin bewegen kann.
Die Kellerhöhe konnte dadurch vergrößert werden, daß nam sie ein wenig über die Erdoberfläche hinausragen ließ. Dadurch liegt die sich über dem Kelller befindende Stube nicht mehr in gleicher Höhe mit den übrigen Räumen des Erdgeschosses. Es führen eine oder auch mehrere Stufen zu ihr hinauf. In der über den Erdboden liegenden Kellermauer ist eine Öffnung ausgespart, durch welche Kartoffeln und andere Hackfrüchte in den Keller geworfen werden. In die vollkommen unterirdischen Kellern schafft man die Früchte durch ein Luke im Stubenfußboden, das "Duffelnloch" (Kartoffelloch) (258).

Die Häuser der letzten Hälfte des 18. Jahrhunderts sind bereits sämtlich unterkellert, während der Keller in einem Hause aus dem 17. oder frühen 18. Jahrhundert selten oder ein nachträglicher Einbau ist. Man darf annehmen, daß sich der Bau des Kellers erst durchgesetzt hat, als im 18. und angehenden 19. Jahrhundert der Kartoffelanbau allgemeine Bedeutung gewonnen hatte (259).

c. Der Stall

Über die Lage des Stalls ist bereits im Abschnitt über den Grundriß gehandelt worden (260). Ursprünglich liegt er stets neben dem Ern im vorderen Teile des Hauses. Das Vieh steht mit den Köpfen zum Ern hin und wurde ursprünglich von dort aus gefüttert. Diese Art den Fütterung ist bei den Häusern mit Deelen-Ern länger beibehalten worden als bei denjenigen mit Flur-Ern, bei denen man nur noch selten eine Erinnerung an die alte Verbindung von Ern und Stall findet.

Nach der Verlegung der Fütterung in den Stall läuft ein Futtergang parallel zum Ern. Durch diesen Gang büßt der ohnehin schon schmale Stallraum einen wesentlichen Teil seiner Breite ein, so daß oft nicht genug Platz für das Vieh bleibt. Beim quergeteilten Hause kann der Ausfall an Raum durch einen Anbau in der Firstrichtung ausgeglichen werden, was beim längsgeteilten nicht möglich ist. Hier kann nur eine Verbreiterung des Stallraumes nach innen hin vorgenommen werden, auf Kosten des Ern, indem eine Längswand nach der Mitte des Hauses hin verlegt wird.

Das Heu wird durch einen hölzernen Schacht, den "Heu-Drechter" (261) (Heutrichter), vom Dachboden in den Futterraum befördert. Wird es jedoch unmittelbar über dem Stall, in dem sogenannten "Heusturz" untergebracht, so wirft man es durch eine Luke, das "Heuloch" (262) in den Stall.

Obwohl die Scheune des quergeteilten Einhauses direkt neben dem Stall liegt, ist eine Verbindung zwischen den beiden Räumen durch Futterklappen unbekannt. Das Vieh ist stets mit den Köpfen zum Wohnteil hin ausgerichtet (263). Man kann diese Tatsache wohl als einen weiteren Beweis dafür ansprechen, daß Wohn- und Stallteil alte Zusammengehörigkeit besitzen, während die Scheune ein jüngeres Anhängsel ist.

Mitunter ist bei kleinbäuerlichen Betrieben der Stall im Keller-

geschoß untergebracht. Diese Häuser sind an den Hang eines Berges gebaut, und zur Ausgleichung des dadurch entstandenen Höhenunterschiedes muß der tiefer gelegene Teil des Hauses höher hinaufgezogen werden. Auf diese Weise entsteht ein ebenerdiges Kellergeschoß, das als Stall benutzt wird. Diese Erscheinung kommt im Siegerland fast ausschließlich nur im freien Grunde, dem südlichen Teil des Landes, vor. Auf nichtwestfälischem Boden ist sie in den benachbarten Tälern von Daade, Heller und Sieg häufig (264), sowie auf dem Hohen Westerwald (265), und wird von diesen Gebieten aus ins Siegerland gedrungen sein.
Das Wort "Kohdüürcher" als Bezeichnung für die Futterklappen auf dem Ern besagt, daß in den Ställen im Hause ausschließlich das Rindvieh untergebracht wurde. Pferde waren im Siegerland immer eine Seltenheit. Nach den Schatzungsregistern des 16. Jahrhunderts zu urteilen gab es damals bei weitem nicht in jedem Dorfe ein Pferd. Das Zugtier ist von jeher der Ochse oder die Kuh gewesen. Der Pferdestall liegt meist außerhalb des Hauses, schon allein aus dem Grunde, weil die Grundrißbildung des Siegerländer Bauernhauses schon abgeschlossen war, als das Pferd in steigendem Maße als Zugtier Aufnahme fand. Auch Schaf- und Schweinestall waren in den meisten Fällen selbständige Gebäude, die ja auch zuweilen in den Schatzungen erwähnt werden. Heute noch ist der Schweinestall oft ein abseitsstehender kleiner Fachwerkbau. Liegt er innerhalb des Kuhstalls, so ist er durch einen Bretterverschlag von diesem abgetrennt. Eine Luke, die "Söjsdaalsdör" führt von ihm aus ins Freie.
Freistehende Schafställe sind nur noch selten vorhanden. Die einst im Siegerland blühende Schafzucht (266) ist völlig zum Erliegen gekommen.

d. Die Scheune

Die einfachste Art der Scheune, im Siegerland "Schauer" oder "Schüür" genannt, besteht aus dem Einfahrts- und Dreschraum der Tenne, siegerländisch "Dänne" oder "Gedänn" (267), und dem darüber liegenden Bergeraum, dem "Gerüst" (268). Diese Bezeichnung ist allerdings im Siegerlande unbekannt. Wie schon beim Wohnhaus heißt auch hier der Dachraum "Ollern".
Tenne und über ihr liegender Bergeraum sind das Kernstück der

Scheune, an das sich nach beiden Seiten hin ein weiterer Raum anschließen kann, das sogenannte "Viertel" (269). Es dient als Stapelraum für Ernte, die hier erdlastig bis zum Dachboden hinauf gelagert wird. Vereinzelt findet man auch in einem solchen "Viertel" einen Stall oder auch einen Wagen- oder Geräteschuppen eingerichtet.
Der Siegerländer nennt die "Viertel" "Näwegedänn" (270) (Nebentenne) oder auch nach den darin gestapelten Erntevorräten "Heu-Änn" (Heu-Ende) oder "Sdroh-Änn" (Stroh-Ende) (271). Befindet sich im Scheunenviertel ausnahmsweise ein Stall, dient der darüberliegende Raum der Heulagerung. Er heißt dann ebenso wie der unausgebaute Raum über dem Stall des Wohnhauses "Heusturz" (272). Als Dreschraum hat die Tenne gestampften Lehmfußboden. Meist ist sie mit einem zweiflügligen Einfahrtstor, dem "Schauerndoor" (273), versehen.
Charakter und Aufbau der Siegerländer Scheune sind rein mitteldeutsch (274). Allein schon das Vorhandensein einer Tenne im Hause schließt die Deele aus. Darum hat ein Haus mit einer Scheune immer mitteldeutsche Struktur, wenn auch der Grundriß dem eines niederdeutschen Vierständerbaues ähnelt.
Die Verschmelzung von Scheune und Wohnhaus ist im Siegerlande im Laufe der Zeit immer inniger geworden. Es sind dabei drei Stufen zu unterscheiden: 1. Die Scheune ist noch ein vollkommen selbständiges Gebäude. 2. Sie ist bereits ein Anwuchs an das Wohnhaus in Richtung der Firstlinie. 3. Die Scheunen-Tenne ist ein Raum innerhalb des Wohnhauses geworden.
Zu 1.: Selbständige Scheunengebäude sind heutzutage im Siegerland selten. Sie kommen fast nur noch bei Gutshöfen und Pfarreien vor (275) (Abb. 33). Eine Scheune auf freiem Felde abseits des Ortes Zeppenfeld im Freien Grunde (Abb. 34) ist einer der wenigen Überreste aus alter Zeit, in der freistehende Scheunen zahlreich waren. Akten und Urkunden aus dem 17. Jahrhundert erwähnen ein selbständiges Scheunengebäude noch häufig (26). Selbst im Jahre 1820 kann Schenck noch in seiner Siegerländer Statistik behaupten (276): "Die Scheunen kommen häufiger vor. Sie s t e h e n a l l e i n oder auch in Verbindung mit den Häußern".
In jüngerer Zeit ist man oft dazu übergegangen, die freistehenden Scheunen zu Wohnhäusern umzubauen, indem man ein "Viertel" als

33 Irmgarteichen, Scheune des Pfarrhofes (um 195o)

34 Zeppenfeld, freistehende Scheune (um 195o)

Stall und die Tenne mit dem anderen "Viertel" als Wohnräume einrichtet. So bittet im Jahre 1800 ein Würgendorfer Bauer in einem Gesuch an den Landesherrn um Erlaubnis, seine Scheune in ein Wohnhaus umbauen zu dürfen (277): "... Sie (die Scheune) scheint auch bei ihrer Erbauung auf diesen Fall (den Umbau) gantz eingerichtet worden zu syn, indem sie nicht nur sehr groß, sondern auch mit einem Viehstall versehen ist...". Solche Häuser kommen im Freien Grunde in jener Zeit häufiger vor. Gerade obiges Beispiel ist gewählt worden, weil es noch einmal verdeutlicht, daß ein Stall in der Scheune eine Besonderheit ist.
Zu 2.: Die Angliederung der Scheune ans Wohnhaus findet hauptsächlich, nach den archivalischen Unterlagen zu schließen, im Laufe des 18. Jahrhunderts statt (278). Die Gründe für diese Vereinigung sind ungewiß. Vielleicht kann die Bemerkung aus dem Dillenburgischen Intelligenzblatt über die Haltbarmachung des Getreides durch den Rauch des Herdfeuers (279) Aufschluß geben. Diese Notiz stammt aus dem Jahre 1775, einer Zeit, in welcher der Scheunen-Anbau an das Wohnhaus in bestem Zuge war. Nicht nur zeitlich, sondern auch örtlich stimmt die Umbauperiode überein. Beides trifft nämlich für das Amt Burbach zu.
Die Konservierung des Getreides durch den Rauch bedingt eine Unterbringung des Erntegutes über dem Wohnhaus. Diese Art der Erntebergung ist jedoch im Amte Burbach keineswegs heimisch, da hier im 18. Jahrhundert noch in den meisten Fällen zum Hause die freistehende Scheune als Banseraum gehört. Erst der Anbau der Scheune an das Wohnhaus ermöglicht eine Verbindung des Dachraumes über dem Wohnteil mit dem Dachboden der Scheune. Auf diese Weise erst vermag der Rauch der Feuerstelle, bei einem bereits unter der Dachhaut endenden Kaminstumpf, die Erntevorräte zu erreichen und zu konservieren.
Da die Angliederung der Scheune an den Wohnteil und die Sitte der Durchräucherung des Getreides zeitlich und örtlich zusammenfallen, darf wohl beides zueinander in Beziehung gesetzt werden. Auf jeden Fall kann das Bestreben, den Rauch aus dem Kamin für die Haltbarmachung der Ernte nutzbar zu machen, die Angliederung der Scheune an das Wohnhaus gefördert haben.
Die Scheune, die mit dem Wohnhause unter einem Dache liegt, unterscheidet sich zunächst nicht von der freiliegenden. Zuweilen

fehlen ihr jedoch die erdlastigen Banseräume, so daß sie nur noch aus der Tenne und dem darüberliegenden Bergeraum besteht, der jedoch mit dem gesamten Dachboden des Wohnhauses eins geworden ist. Damit ist die Bedeutung der Scheune als Banseraum bereits hinfällig. Ihr bleibt nur noch die Tenne als Dresch- und zuweilen als Einfahrtsraum für die Erntewagen. Oft fehlt ihr jedoch schon das große Einfahrtstor. An seine Stelle ist dann eine kleine Tür getreten, die "Gedännsdör". Jedoch ist auch hier noch die Scheune als Anwuchs zu erkennen, der in einer geraden Firstlinie mit dem Wohn- und Stallteil des Hauses liegt. Die Dreigliederung in Wohnteil, Stallteil und Scheune mit den drei verschiedenen Eingängen ist immer noch äußerlich sichtbar.

Zu 3.: Anders ist es bei der Tenne, die bereits zu einem Raum innerhalb des Wohnteils geworden ist. Sie ist in ihrer Gestalt nur durch das Fehlen der geschoßbildenden Decke und den Lehmfußboden von einem Wohnraum unterschieden. Das Einfahrtstor fehlt immer, und oft ist nicht einmal eine Türverbindung nach draußen vorhanden.

Von einem alten Banseraum ist nichts mehr übrig geblieben. Die Tenne ist nur noch der Dreschplatz. Durch eine Luke, das "Ollernloch", kann das zu dreschende Getreide vom Dachboden auf die Tenne geworfen werden. Im übrigen ist hier der Aufbewahrungsort für kleinere landwirtschaftliche Geräte, Körbe und Wannen. Hier wird Häcksel geschnitten, werden die Hackfrüchte verlesen, kurzum alle Arbeiten verrichtet wie auf der Scheunen-Tenne oder dem Deelen-Ern.

Dieser Tennenraum ohne Einfahrtstor ist eine kammerartige Tenne, hat aber nichts mit der Kammertenne Südthüringens zu tun (280). Die südthüringische Kammertenne liegt innerhalb einer Scheune und ist nur durch das Fehlen des Einfahrtstores gekennzeichnet. Sie ist eine Mischform aus der deutschen Einfahrtstenne und der nordgermanischen Hochtenne und stellt einen Überrest aus der anglischen Besiedlungszeit Thüringens dar. Ebenerdigkeit ist deutscher und Fehlen des Einfahrtstores nordischer Einschlag (281).

Die Siegerländer kammerartige Tenne ist dagegen nicht auf nordische Besiedlungsreste zurückzuführen, sondern eine späte Entwicklung aus der Einfahrtstenne, eine Verkümmerung der Scheune.

Sie ist der Dresch- und Arbeitsraum der kleinen Leute mit wenig Landwirtschaft. Ihr Vorkommen im eigentlichen Bauernhause ist stets an eine niederdeutsche Grundrißform mit Mittellängs-Ern gebunden. Hier tritt die Tenne als Fremdkörper auf, der das Wesen des Hauses vollkommen verändert. In diesem Falle kann sie erst entstanden sein, als sich mittel- und niederdeutscher Baugedanke miteinander vermischt hatten. Das spricht für geringes Alter der Kammertenne im Siegerlande.

Wir haben gesehen, daß die Scheune mit ihrer Angliederung an das Wohnstallhaus mehr und mehr von ihrer Aufgabe als Banseraum eingebüßt hat. Indem Dachraum der Scheune und des Wohnteils ineinander übergehen, können auch die Erntevorräte über den gesamten Dachboden verteilt werden. Die sich neben der Scheunentenne befindenden Banseräume werden überflüssig. In diesem Falle schon unterscheidet sich die Art der Erntebergung nicht mehr von der des Hallenhauses.

Ein weiterer Schritt ist der Fortfall des Scheunentores. Wie im Siegerland beim Haus mit Deelen-Ern von jeher, wird nun auch beim Ernhaus die Ernte von außen durch Ladeluken in den Dachraum befördert. Die ehemalige Einfahrtstenne ist nur noch Dreschtenne geblieben, die zuletzt jede beliebige Lage innerhalb des Hauses einnehmen kann und sich vorzugsweise dem Grundriß eines dreischiffigen längsgeteilten Hauses einordnet.

Heute können wir im Siegerland nur noch zweierlei Arten von Erntebergung unterscheiden: die rein balkenlastige im Dachraum des Hauses, sowohl des niederdeutsch beeinflußten wie des echten Ernhauses, und die zugleich erd- und balkenlastige bei Häusern mit vollkommen ausgebildetem Scheunenteil. Rein erdlastige Bansenräume sind nicht mehr bekannt.

4. Das Dach

So verschieden sich auch die Siegerländer Bauernhäuser in ihren Bauformen darstellen, so einheitlich zeigen sie sich in ihrer Dachkonstruktion, die jedoch in ihrer Einheit bereits eine Verquickung von verschiedenen Baueinflüssen ist.

35 Wilnsdorf, Burgstr. 2, Blick vom Dachwerk auf die (junge) Zwischendecke über der Tenne, rechts, und auf den zum Dachwerk offenen Schüttboden, links. Längsunterzug mit Einkämmungen der weitgehend entfernten Querbalken; Kniestock um 19oo aufgesetzt.

a. Der Aufbau

Die Schräghölzer des Daches, die sich paarweise zueinander neigen, sind auf den Enden der Dachbalken aufgestellt. Es sind also Dachsparren (282). Eine Sparrenschwelle fehlt. Um ein Verschieben der Sparrenpaare zu vermeiden, ist bei einfachen Formen zwischen jedem Paar ein Spreizholz eingesetzt, der Kehlbalken. Dieses Kehlbalkendach ist im gesamten Hallenhausgebiet verbreitet (283), in dieser einfachen Art jedoch im Siegerlande nicht zu finden.
Hier ist der Kehlbalken an seinen Enden durch Stuhlsäulen abgestützt, auf deren Köpfen Stuhlrähme als Unterzüge unter den Kehlbalken liegen. Es handelt sich hierbei um einen Kehlbalkendachstuhl. Da diese Unterzüge unterhalb der Sparren von Stuhlsäule zu Stuhlsäule den Dachraum der Länge nach durchlaufen, bilden sie zugleich die Unterzüge für die Sparren. Sie sind jedoch primär zur Unterstützung der Kehlbalken gedacht und stützen, im Gegensatz zu den Pfetten des oberdeutschen Daches, das Gespärre nur mittelbar (284).
Da die Sparren auf dem Stuhlrähm ruhen, brauchen sie nicht alle mehr durch einen Kehlbalken gespreizt zu werden. Im Innern des Dachraumes befinden sich, je nach der Länge des Hauses, zwei bis vier Kehlbalkenstühle. Hinzu kommt noch je ein weiterer Stuhl an den beiden Außenseiten. Die durch die Stühle gestützten Sparrenpaare nennt man Bindergespärre, die übrigen Leergespärre (285).
Das Dach mit Kehlbalkenstuhl ist eine Mischform des niederdeutschen Kehlbalken- und des oberdeutschen Pfettendaches (286), weit in Mitteldeutschland verbreitet (287) und bis in die südlichen Hallenhausgebiete vorgedrungen (288). Allerdings unterscheidet sich das südwestfälische Dach mit Kehlbalkenstuhl von der mitteldeutschen Art, auch von der des Siegerlandes, in Stärke und Abstand der Sparren. Die Sparren des südwestfälischen Hauses stehen bis zu 1.55 Meter voneinander entfernt (289). Es sind kräftige Hölzer, die auch ohne Unterstützung durch Stuhlsäulen ihre Aufgabe erfüllen würden. Hier ist noch das ursprüngliche einfache Kehlbalkendach zu erkennen, dem die Stühle lediglich zur Unterstützung untergebaut sind. Dazu ist dieser Unterbau in den meisten Fällen erst nachträglich entstanden, als sich mit Abschaffung des leichten Weichdachs die Dachlast vergrößert hat (290). Diese Stuhlhölzer unterscheiden sich von dem übrigen Holz-

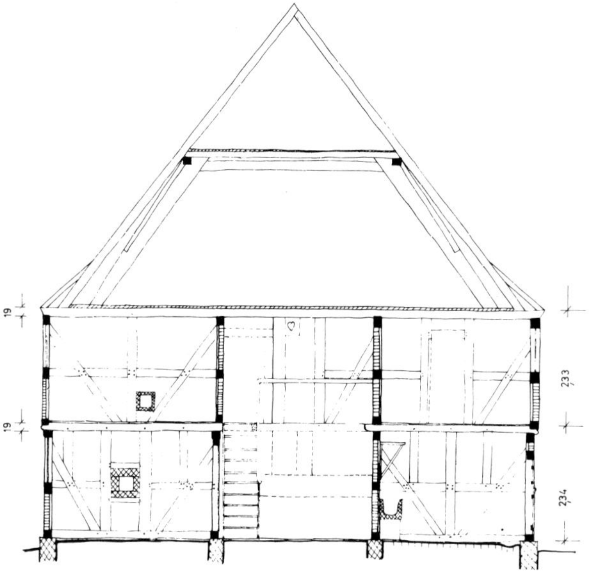

36 oben: Dreistiefenbach, Haus Heitze, Querschnitt (1964)
unten: Burgholdinghausen, Haus Stücker, Querschnitt (1963)

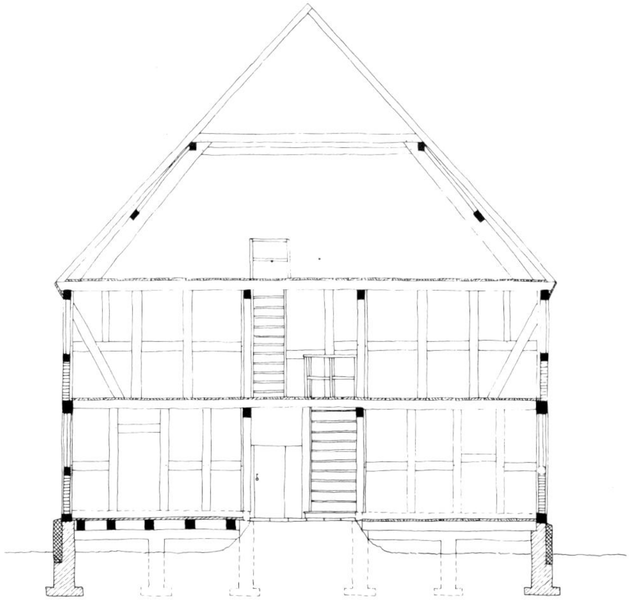

werk des Daches durch geringere Qualität. Es sind oft nur roh behauene Fichtenstämmen (291).
Ganz anders ist es im Siegerland. Hier werden die Sparren, was Dicke und Kräftigkeit des Holzes anbelangt, bei weitem von den Stuhlhölzern übertroffen. Dazu stehen die Sparren in dem geringen Abstand von 75 cm auseinander. Sie lassen sich in ihrer Gestalt und auch in ihrer Entfernung voneinander eher mit Rofen als mit Sparren vergleichen. Man erkennt deutlich ihre untergeordnete Funktion gegenüber dem Dachstuhl.
Das heutige Verhältnis von Schräg- und Stuhlhölzern des Siegerländer Daches hat gewiß schon im 18. Jahrhundert bestanden. Es handelt sich also nicht um eine junge Konstruktionsform wie im südlichen Hallenhausgebiet, denn eine Bauordnung aus dem Jahre 1762 verbietet bereits die Verwendung von Eichenholz für die Dachsparren (292). Dieses Verbot ist ein Zeichen dafür, daß den Sparren damals schon nicht mehr die eigentliche tragende Bedeutung zukam. Beim echten Sparrendach müssen nämlich Ständer, Balken und Schräghölzer aus dem gleichen kräftigen Material bestehen (293). Im Siegerland war also - nach obiger Verordnung zu schließen - bereits in der zweiten Hälfte des 18. Jahrhunderts der Dachstuhl üblich.
Um den Dachraum für die Erntebergung frei zu machen, hat man die ursprünglich senkrecht stehenden Stuhlsäulen geneigt, so daß sie jetzt beinahe mit den Sparren parallel laufen oder gänzlich an sie angeklappt sind. Aus einem stehenden Dachstuhl ist auf diese Weise ein geneigter oder liegender geworden.
Die Stuhlrähme sind unterhalb der Kehlbalken auf die Stuhlsäulen gekämmt, und liegen dadurch zwischen Sparren, Kehlbalken und Stuhlsäule, so daß eine Verlagerung der Kehlbalken unmöglich ist. Unmittelbar unter diesen läuft ein Spannriegel, der in die beiden einander gegenüberliegenden Stuhlsäulen eingezapft ist. Er soll den Seitenschub verhindern. Kopfbänder von Stuhlsäulen und Spannriegel sorgen für weitere Festigkeit (Abb. 36).
In den beiden Giebeln sind die stehenden Stühle erhalten geblieben, die meist sogar in der Fachwerkgestaltung äußerlich erkennbar sind (Abb. 37). Diese Verbindung von liegendem Dachstuhl im Innern und stehendem an den Außenseiten des Hauses ist im gesamten Ernhausgebiet verbreitet (294).

37 Vormwald, Siebelnhofer Str. 2, Haus Heider; Zimmermeister Heinrich Holdinghausen zu Harhausen.

38 Büschergrund, Backhaus 39 Oberheeß, Backhaus (beide um 195o)

Im Westerwälder Bauernhaus befindet sich gewöhnlich außerdem ein stehender Stuhl im Innern des Dachraums über der Trennwand zwischen Wohn- und Wirtschaftsteil (295). Dadurch bleibt der über dem Wohnteil liegende Dachraum für sich abgeschlossen (296). Im Siegerland ist diese Trennung unbekannt, da man den Bodenraum über Wohn- und Scheunenteil als Einheit betrachtet, ein Zeichen dafür, daß die Scheune schon enger mit dem Wohnhaus verschmolzen ist.

Eine stützende Mittelsäule unter jedem Kehlbalken, die einen mittleren Unterzug trägt, wie sie für das südliche niederdeutsche Hausgebiet belegt ist (297), und in wenigen der älteren Häuser Mitteldeutschlands vorkommt (298), ist im Siegerland nicht mehr bekannt. Sie war wohl ein Hindernis für die Erntebergung im Dachraum.

Liegender Dachstuhl im Innern und stehender Stuhl an den beiden Außenseiten sind die einzige heute noch bezeugte Form der Dachkonstruktion beim alten Siegerländer Bauernhaus. Das widerspricht den Angaben Schmoeckels, der ein Pfettendach mit abgefangener Firstsäule, Firstbaum und Dachstuhl annimmt (299). Ihm ist auch der Kehlbalkendachstuhl bekannt, den er aber für eine Ausnahme hält (300). "Bei manchen Häusern fällt es auf, daß der Firstbaum ganz fehlt und die Sparren hauptsächlich auf den Mittelpfetten ruhen".

Offensichtlich verwechselt Schmoeckel Altes mit Neuem, indem er das in der zweiten Hälfte des 18. Jahrhunderts durch städtisch geschulte Zimmerleute eingeführte Pfettendach für eine alte Form des urtümlichen Firstsäulendaches hält (301). Dieses Pfettendach kommt in der Tat vereinzelt im Siegerland vor, ist aber stets eine junge Erscheinung. Bei älteren Bauten erkennt man in diesem Falle die nachträgliche Veränderung der Dachbauweise an der Andersartigkeit der Bauhölzer. Die alten Stuhlhölzer sind zum Teil nur grob behauene, wuchtige Eichenstämme, während die Firstpfette und ihre Träger sorgfältig abgezimmert, schmächtiger und meist aus Tannenholz sind.

Auch bei Schmoeckels Skizze von einem liegenden Dachstuhl (302) handelt es sich anscheinend um die Wiedergabe einer jungen Dachkonstruktion, da der bei ihm abgebildete Stuhl nicht der alten, heute noch allgemein üblichen Bauart entspricht, bei der die

beiden von den Stuhlsäulen getragenen Längshölzer als Unterzüge unter den Kehlbalken herlaufen. Die Längshölzer liegen dagegen nach der Schmoeckelschen Zeichnung als regelrechte Pfetten auf den Enden der Spreizhölzer. Außerdem sind die Stuhlhölzer, der Wiedergabe nach, aus schwächerem Material hergestellt als die Sparren. Diese Erscheinung kommt im älteren Siegerländer Hause nicht vor.
Bereits Schepke (303) hat erkannt, daß ein Firstbaum in alten Wohngebäuden des Siegerlandes nicht mehr zu finden ist. Im Übrigen verfällt er jedoch dem gleichen Irrtum wie Schmoeckel, indem er eine auf den Kehlbalken gesetzte, bis zum First reichende Säule, die er irrtümlich Mittelpfette nennt, für einen alten Bestandteil des Daches hält (304). Diese Säule kommt zwar vereinzelt vor, wurde aber ebenfalls stets nachträglich zur Verstärkung der Dachhautträger eingeführt (305).
Während die alte Form des Firstsäulenbaues beim Wohnhause des Bauern nirgendwo mehr im Siegerlande vorkommt, ist eine Abart davon noch bei Nebengebäuden, wie Backhäusern und Schweine- oder Schafställen, zu finden. In beiden Giebeln trägt hier je eine vom Dachbalken abgefangene Firstsäule den Firstbaum, über dem die Schräghölzer paarweise gegeneinander geneigt sind, die auf dem Rähm der Wand stehen. Sie sind daher keine echten Rofen, die wechselweise am Firstbaum hängen, sondern Sparren, die jedoch von einer Firtstpfette unterstützt werden. Wahrscheinlich ist hier eine frühe Übergangsform vom Rofen- zum Sparrendach zu fassen (306, Abb. 1, 38 und 39).
Zusammenfassend läßt sich sagen: die allgemein im Siegerland verbreitete Dachform ist das Dach mit Kehlbalkenstuhl. Ein Vergleich mit ähnlichen Formen im südlichen Hallenhausgebiet hat gezeigt, daß sich hier der Dachstuhl als nachträglicher Einbau in ein echtes Sparrendach erweist, während er im Siegerlande eine alte Form darstellt, da die hier üblichen dünnen Schräghölzer ohne die stützenden Stühle undenkbar sind.
Das Siegerland gehört also nicht zum alten Gebiet des Sparrendaches, was auch durch das Vorhandensein von Firstsäulenbauten bei Nebengebäuden bewiesen wird, bei denen sich bekanntlich Altformen am längsten erhalten.

b. Die Dachhaut

Bis in die 20er Jahre dieses Jahrhunderts hinein war das Strohdach im Siegerlande allgemein verbreitet. Man verwandte dafür meist das Haubergstroh (307), das sich wegen seines großen Gehaltes an Kieselsäure durch besondere Festigkeit und Dauerhaftigkeit auszeichnet (308).

Das Strohdach (Abb. 4o und 41) war bedeutend billiger herzustellen als das Schieferdach. Während sich eine Quadratrute Strohdach auf 7 bis 8 Taler belief, kostete die gleiche Fläche Schieferdach 14 bis 15 Taler, also rund das doppelte (309). Darum wurde selbst in den alten Feuerverordnungen Nachsicht geübt, die zwar schon seit 1746 zur Abschaffung des Strohdachs, vor allem in den Städten, rieten, aber sich zunächst nicht recht durchsetzen konnten. In Siegen verschwand das letzte Strohdach im Jahre 1802. Der unvermögende Hausbesitzer mußte sich verpflichten, mit einer Geldunterstützung aus öffentlichen Mitteln innerhalb eines Jahres ein feuersicheres Dach zu errichten (310).

In den Siegerländer Dörfern dagegen fand Schmoeckel um 1910 noch häufig Strohdächer (311). Die letzten sind in den 20er Jahren verschwunden, als die aufkommende Blechindustrie eine andere billige Bedachung ermöglichte, das Blechdach, das heute bedauerlicherweise in vielen Siegerländer Dörfern vorherrscht.

Für die vielen Eisenschmelzhütten, die es von altersher im Siegerlande gibt, bildete das leicht entzündbare Strohdach eine ständige Gefahr. Man hat daher schon früh eine weniger feuergefährliche Bedachung erfunden, das sich rasch allgemeiner Beliebtheit erfreuende, sogenannte Strohschindeldach. Fast alle Strohdächer, die sich bis in die jüngste Zeit hinein erhalten hatten, waren Strohschindeldächer. Die Schindeln waren aus Lehm und Stroh gebildete dünne Platten, die dem Deckstroh als Unterlage dienten (312). Auf einem Brett breitete man Stroh zu einer dünnen Lage aus, so daß die unteren Halmenden eine gerade Linie bildeten, die oberen Enden wurden um einen dünnen Haselstock geschlagen. Dieses Strohviereck bestrich man mit Lehm und ließ es trocknen. So entstand eine Platte von rund 90 cm Höhe und einer Breite, die zwischen 25 und 50 cm schwankte. Beim Eindecken des Daches entsprach jeder Strohschaube eine Schindel als Unterlage. Schindel und Schaube wurden gemeinsam an den quer zu den Sparren im Ab-

4o Grund, Jung-Stilling-Str.15, 1767 (um 194o, Foto: Blankenheim)

41 Obersetzen, Haus mit Stohdeckung (um 195o, Foto: Siegerländer Heimatverein)

stand von 28 cm laufenden Dachlatten, den "Lodern" (313), befestigt. Dazu dienten drei bis fünf Meter lange Haselnußstöcke, sogenannte "Däckegerde" (Deckgerten), die, mit den Latten gleichlaufend, mit biegsamen Gerten, "Däckewettcher" (314), an die "Loddern" gebunden wurden.
Die Feuergefährlichkeit dieses Strohschindeldaches ist gegenüber der des einfachen Strohdachs wesentlich herabgemindert. Das Siegerländer Haus war infolgedessen nicht im gleichen Maße durch Feuersbrünste gefährdet wie das der benachbarten westfälischen Landschaften, in denen noch im 19. Jahrhundert "...der größte Teil der Häuser keine Schornsteine (und) ungeschindelte Strohdächer oder Holzdächer.." (315) hatte. Aus diesem Grunde schloß sich das Siegerland zu Beginn des vorigen Jahrhunderts bei Feuerversicherungen dem Regierungsbezirk Koblenz an, obschon es damals bereits politisch zu Arnsberg gehört hat (316).
In der Gegenwart ist im Siegerlande neben dem bereits erwähnten Blechdach das Schieferdach vorherrschend. Weniger verbreitet ist das Ziegeldach.

5. Das Fachwerk

Im Siegerland ist der Fachwerkbau heimisch. Das Material dazu, in der Hauptsache Lehm und Holz, lieferte ursprünglich dem Bauherrn der eigene Grund und Boden.
Ein Lehnbrief vom Hof Buchen aus dem Jahre 1671 (317) bestimmt, daß der Hofpächter das Haus "...in gutem bau, deich, fach, schwellen und zaunen ..." erhalten soll. Hiermit sind die Hauptbestandteile der Fachwerkswand gekennzeichnet: der Lehmbewurf ("deich") = Teig), das Holzrahmenwerk ("fach"), die Schwellen und das Flechtwerk zwischen den Gefachen ("zaun").
Für den Bau der alten Häuser wurde ursprünglich nur im letzten Mondviertel geschlagenes Eichenholz verwandt (318, 406). Zum Durchflechten der Gefache durften jedoch damals schon "...keine jungen Eichengerten sondern nur Haseln und Birken..." genommen werden (319). Die zahlreichen in der zweiten Hälfte des 18. Jahrhundert erschienenen Holz- und Forstordnungen schränkten die Verwendung von Eichenholz für Bauzwecke erheblicher ein. Es wurde z.B. verboten, für Dielen und Türen Eichenholz zu verwenden

42 Grund, Im Hainchen 8, Haus Prinz (März 1986), Lehmausfachungen

43 Afholderbach, Scheune hinter der Erndtebrücker Straße, Lehmflechtwerk (1986)

(320). Auch für die Dachsparren durfte, wie bereits erwähnt worden ist, diese hochwertige Holzart nicht gebraucht werden (321). Die Hauptholzer bestanden jedoch nach wie vor aus Eichenstämmen, weil sie am dauerhaftesten waren. Fachwerkbauten aus Tannenholz sind eine junge Erscheinung des ausgehenden 19. Jahrhunderts.

a. Aufbau der Fachwerkwand

Eines der wenigen Häuser aus dem 17. Jahrhundert, deren Äußeres im Wesentlichen unverbaut bis in die heutige Zeit erhalten ist, steht in Afholderbach bei Netphen (Abb. 3). Es handelt sich um ein Vierständerhaus (42o) mit ursprünglichem Deelen-Ern, der erst 1925, zugleich mit der Küche, eine Zwischendecke erhalten hat. Bei diesem Haus sind sämtliche Wandstiele durchlaufend von der Schwelle bis zum Rähm unterhalb des Dachansatzes. Das Gebäude ist also noch nicht in Stockwerken abgezimmert, wohl aber zweigeschossig (322).

Jedes senkrechte Holz der Traufseite ist Träger eines Dachbalkens. Die Balkenköpfe sind durch den nachträglichen Aufsatz des Drempels - im Jahre 1925 - deutlich sichtbar geworden. Jeweils der erste Ständer nach dem Eckpfosten ist ausgefallen. Stattdessen läuft eine kräftige Schrägstrebe vom obersten Teil des Eckpfostens bis zur Fußschwelle, die den fortgelassenen Ständer hätte überschneiden müssen. Eine Überschneidung von Strebe und Stiel wird jedoch möglichst vermieden. Die hohen, durch beide Geschosse reichenden Schrägstreben sind ein untrügliches Zeichen für hohes Alter des Hauses. Sie kommen schon im 18. Jahrhundert nicht mehr vor.

Die Fenster, die heute die Riegel überschneiden, sind jüngeren Datums. Die älteren waren weitaus kleiner. Ihre ehemalige Lage ist zum Teil noch sichtbar.

Die ausgemauerte Seite des Erdgeschosses ist ein junger Umbau. Diese ganze Seite wurde bis 1925 vom Stall eingenommen, der heute nur noch im hinteren Hausteil liegt. Es ist bereits an anderer Stelle erörtert worden, daß ein Stallteil oft durch eine Steinmauer erneuert wurde.

Die Geschoßbalken sind wenig oberhalb der mittleren Riegel in die Ständer eingezapft. Sie sind nach außen hin nicht sichtbar.

Das Fachwerk ist schlicht rechteckig, fast quadratisch. Nur die

Schrägstreben an den Eckpfosten unterbrechen die senkrecht-waagerechte Linie.
Die Ständer stehen beim Afholderbacher Hause, wie bei sämtlichen alten Siegerländer Häusern, in dem geringen Abstand von rund 80 cm auseinander. Das ist bedingt durch die enge Lagerung der Deckenbalken, die wiederum für die im Siegerlande übliche Wellerdecke nötig ist. Für die Herstellung einer solchen Decke legt man armdicke gespaltene Eichenschälholzstangen, die sogenannten "Sbällern" (323), mit der flachen Seite nach unten zwischen die Deckenbalken auf seitlich an diese angenagelte Latten. Die "Sbällern" werden dann von oben und unten mit einer mit Stroh vermischten Lehmschicht überzogen (324). Es ist selbstverständlich, daß bei dieser Deckenbildung der Balkenabstand nicht zu groß sein darf. Wellerdecke und damit verbundene geringe Entfernung der Balken voneinander sind mitteldeutscher Herkunft. Auf niederdeutschem Gebiet ist der Balkenabstand erheblich größer. Er beträgt bei den Vierständerbauten des 17. Jahrhunderts in Süd-Westfalen, die in ihrer Gestalt den Siegerländer Häusern am nächsten kommen, immerhin noch 1,50 bis 1,75 Meter (325).
Die niederdeutsche Form des Vierständers ist im Siegerlande, wahrscheinlich unter Ernhaus-Einfluß, umgewertet worden. Die tragende Bedeutung der Ständerreihen wurde niemals vollkommen anerkannt. Bei den älteren Siegerländer Häusern gelten lediglich die vier Eckpfosten als Hauptgerüstträger. Aus diesem Grunde bestehen sie aus besonders starken Eichenstämmen und sind durch mächtige Schräghölzer verstrebt, während die übrigen Ständer weder durch Verstrebungen noch durch besondere Stärke auffallen, wie das Afholderbacher Beispiel verdeutlicht.
Die oben beschriebene Wandkonstruktion ist verhältnismäßig selten und nur bei den ältesten Häusern anzutreffen. Nur wenig jünger ist die Fachwerkform am Hause Decker in Herzhausen (421, Abb. 44). Die Traufenwände haben das gleiche nahezu quadratische Fachwerk mit den durchgehenden Ständern wie das Afholderbacher Haus. Auch die mächtigen Eckstreben sind vorhanden. Die Giebelwände dagegen zeigen kurze, nur durch ein Geschoß gehende Verstrebungen an den Eck- sowohl wie an den Mittelständern im oberen und untern Geschoß. Die langen Schräghölzer an den Eckpfosten zur Traufseite hin haben ausschließlich konstruktive Bedeutung. Im Gegensatz

dazu kommt den kleinen Verstrebungen an der Giebelseite überwiegend ornamentaler Charakter zu.
Die Ständer in der Giebelwand sind zwar noch von der Fußschwelle bis zum Giebelrähm durchgehend, die Zwischenstiele jedoch bereits für beide Geschosse selbständig abgezimmert.
Das Haus ist mit der Giebelseite zur Straße gekehrt. Darum ist diese Wand in er Fachwerkgestaltung besonders herausgeputzt. Es ist allgemein so, daß die Neuerungen in der Baugestaltung zunächst nur an der zur Straße gerichteten Seite durchgeführt sind. Bei den übrigen Wände behielt man zunächst noch den alten Zustand bei. Siegerländer Bauten solcher Art stammen durchweg aus dem Anfang des 18. Jahrhunderts.
Eine Weiterentwicklung ist die Übernahme der neuen Fachwerkkonstruktion auch für die übrigen Wände. Damit wird die Ständerwand aufgehoben. Es bleiben nur noch einige wenige durchlaufende (zweigeschossige) Ständer aus kräftigem Holz erhalten. Die übrigen senkrechten Hölzer sind stockwerksweise gezimmert und dienen lediglich zur Versteifung der Wand. Sie haben keinerlei tragende Bedeutung mehr. Die Dachlast ruht hauptsächlich auf dem Wandrähm und auf den wenigen wandhohen Gefügeständern. Sie sind außerdem durch mehr oder minder reiche geschoßweise angeordnete Verstrebungen gekennzeichnet (Abb. 45 und 46).
Jeder Gefügeständer ist zugleich Außenpfosten einer Innenwand und damit Bindeglied zweier rechtwinklig zueinander stehenden Wände, ein Bundständer (326), im Siegerland "Bondposde" (Bundpfosten) (327) genannt.
Die Bundständer kennzeichnen durch ihre reichen Verstrebungen jedesmal die Stelle, an der eine innere Hauswand von der Außenwand aufgenommen wird. Desgleichen sind die nach außen hin sichtbaren senkrechten Stuhlsäulen des Daches durch ihre Verstrebungen von den übrigen Stielen des Giebeldreiecks unterschieden. Hier läßt das Fachwerk also die Raumaufteilung und das innere Hausgefüge erkennen (328).
Mitunter werden bei dieser Fachwerkform die Gefügeständer nur durch lange Fußstreben gestützt, die im oberen Geschoßdrittel ansetzen. Kurze Fußhölzer und Kopfstreben allein kommen nicht vor. Häufig zweigt jedoch vom Ansatzpunkt der Fußstrebe ein kurzes Kopfholz ab, so daß eine Figur mit gespreizten Beinen, den Fuß-

44 Herzhausen, Haus Decker (um 195o)
45 Grissenbach, Haus Reppel (um 195o)
46 Ruckersfeld, Dreisbachstr. 11, Haus Jüngst, 1763 (oder 1765) (1986)

streben, und Armen, den Kopfhölzern, entsteht. Er ist die mit einer oberdeutschen Strebefigur vergleichbar, bei der Kopf- und Fußstreben gleich lang sind und häufig genau in der Ständermitte ansetzen oder sich überschneiden (329).

Jener "hessischen" Strebenbildung liegt teils eine ältere einheimische Art der Verstrebung und teils ein Einfluß aus dem Oberwesergebiet zugrunde. Einheimisch sind die auch im Siegerlande vorkommenden langen Fußstreben; aus dem Oberwesergebiet sind die kurzen Kopfhölzer übernommen worden (330). Die volkstümlich als "Wilder Mann" bezeichnete Verstrebung drückt "...in vollkommener Weise das standhafte Stehen, das Last aufnehmen und Lastabgeben des Wandgefüges aus" (331). Er ist für den Stockwerkbau geschaffen worden, bei dem "...die Stockwerknähte und das standfeste Aufsetzen der Stockwerkkästen die größte Aufmerksamkeit" erfordern (332).

Im Siegerlande sind jedoch die Bundpfosten, die durch diese Strebefiguren gekennzeichnet werden, in der Regel von der Grundschwelle bis zum Rähm unter dem Dach durchgehende Hölzer. Von Stockwerkbau kann also noch keine Rede sein. hier ist also lediglich die Figur des "Mannes" übernommen worden, nicht aber die statische Bedeutung.

Das Kennzeichen der Bundpfosten durch Verstrebungen ist "hessisch-fränkisch". Diese Fachwerkform tritt im gesamten Siegerland seit dem beginnenden 18. Jahrhundert auf. Im Süden des Landes ist sie einige Jahrzehnte älter als im Norden. Der bereits seit dem 16. Jahrhundert in Hessen verbreiterte Stockwerkbau (333) ist vom Siegerland nicht übernommen worden. Hier bleiben zur Zeit der hessischen Fachwerkgestaltung die Bundpfosten immer durchgehend, die jedoch bereits nach Art des Stockwerkbaues verstrebt sind.

Der große Kritiker des Siegerländer Bauernhauses, Karl Sckell, bemängelt noch in einer 1784 erschienenen Bauordnung (334) die durch beide Geschosse reichenden Bundständer, auf denen die gesamte Last des Gebäudes ruht. Sie erfordern nämlich dadurch größere Dicke als die übrigen Hölzer. Darum schlägt Sckell vor, die Häuser in Zukunft im Stockwerkbau zu errichten, so daß die Last des Gebäudes auf alle senkrechten Hölzer gleichmäßig verteilt und auf diese Weise eine Menge starkes Bauholz gespart würde. Riegel und Schräghölzer sollten in Zukunft nur so weit

angebracht werden, wie sie unbedingt zur Versteifung der Wand notwendig seien. Durch die Ausführung dieses Vorschlags ist eine nüchterne rein auf Zweckmäßigkeit eingerichtete Fachwerkform entstanden, die sich im Laufe des 19. Jahrhunderts allgemein durchgesetzt hat (407).
Mit dem Stockwerkbau zugleich werden auch erst durchgehende Schwellhölzer angebracht. Bis dahin standen die Bundpfosten unmittelbar auf dem Steinfundament oder waren in den Erdboden eingelassen. Die Schwelle bestand aus Riegeln, in welche die Ständer eingezapft waren (335).
Zusammenfassend läßt sich sagen: schon im Anfang des 18. Jahrhunderts haben hessische Formen das Siegerländer Fachwerk beeinflußt, der Stockwerkbau ist jedoch nicht übernommen worden.

b. Wandschmuck und -verkleidung

Eine gut gepflegte Fachwerkwand, deren tiefschwarze oder dunkelrote Hölzer sich vom Weiß der Gefache kontrastreich abheben, wäre schon an sich Hausschmuck genug. Die Sitte, die Fachwerkhölzer schwarz zu streichen, ist im Siegerlande verhältnismäßig jung. Bis in dieses Jahrhundert hinein wurden sie meist in einem dunklen Rotton gestrichen. In der Zeit zwischen Ostern und Pfingsten pflegt noch heute der Siegerländer Landbewohner seinem Hause mit Farbe und Tünche alljährlich ein festliches Aussehen zu geben.
Abgesehen von den Strebefiguren sind die Fachwerkhölzer selten in Mustern angeordnet. Vereinzelt kommen nur das Andreaskreuz unterhalb der Fenster im Obergeschoß oder ein Rautenmuster im Giebelfeld vor. Fachwerkschnitzereien waren im 18. Jahrhundert häufig, sind jedoch heute kaum noch vorhanden, da mit dem im 18. Jahrhundert aufkommenden, völlig jenseitig gerichteten Pietismus (Gemeinschaftsbewegung) fast immer alle Verzierungen am Hause ausgemerzt worden sind. Lediglich im katholischen Teil des Amtes Netphen ist sie erhalten geblieben. Erst zögernd ist man in unseren Tagen auch im übrigen Siegerlande wieder zu einer farbigen Gestaltung der Fachwerkhölzer übergegangen, obschon sich dagegen immer noch oft der Widerstand der älteren Generation bemerkbar macht.
Die ältesten Schnitzereien sind Zahnschnitte, Perlstäbe und Flechtbänder an Eckpfosten und Giebelrähm. Sie kommen bereits im

17. Jahrhundert auf, sind aber nicht sehr häufig. Zahlreicher ist um diese Zeit eine schlichte Verzierung der Eckständer, die am unteren Ende ihre volle Baumstärke erhalten haben. Die Stelle, die in die normale Dicke des Ständers übergeht, ist durch eingekerbte Rillen verziert, die jedoch nicht ganz horizontal, sondern ein wenig geneigt verlaufen, damit das Regenwasser sich nicht darin sammelt und Fäulnis erregt.
Bei Häusern aus der Mitte des 18. Jahrhunderts ist das Giebeldreieck zuweilen durch eine Stichbalkenlage von der Wand abgesetzt. Die Stichbalken sind miteinander durch sogenannte Füllhölzer verbunden, die entweder mit Zahnschnittmustern oder mit figürlichem Schnitzwerk verziert sind (422, Abb. 47-5o).
Das Füllholz ist nicht am Bauernhause heimisch. Es ist vom Bürgerhause übernommen worden samt den abgebildeten Motiven, bei denen Darstellungen aus der heimischen Tier- und Pflanzenwelt mit Fabelwesen, Drachen und Schlangen wechseln.
Auf den Ranken (Abb. 51) an den Bundpfosten erscheinen neben Rosen- und Tulpen- oft Traubenmotive, vermutlich nach dem biblischen Gleichnis vom Weinstock. Das traufständige Irle-Haus in Eisern (423) zeigt außerdem noch eine Merkwürdigkeit (Abb. 53). In die beiden die Ernwände aufnehmenden Bundpfosten ist im Obergeschoß je ein Menschenkopf eingeschnitten, der den unteren Abschluß einer Traubenranke bildet. Der Scheitel des einen ist aufwärts, der des andern erdwärts gerichtet. Ein ähnliches Gebilde weist ein giebelseitig aufgeschlossenens Haus in Hohenhain auf (Abb. 54). Hier sind die Köpfe jeweils auf den beiden Mittelständern angebracht und zwar diesmal an ihren oberen Enden, unmittelbar unter dem Giebelrähm. Die Rankenverzierung fehlt. Der eine Kopf zeigt ein weinendes, der andere ein lachendes Gesicht, und beide Köpfe haben die gleiche natürliche Lage.
Die beiden Beispiele aus Eisern und Hohenhain stehen trotz eingehender Nachprüfung allein. Wahrscheinlich hängen sie mit einem alten Abwehrzauber (409) zusammen und sind zu den Neidharden in Beziehung zu setzen, die im Siegerland - ebenfalls nur vereinzelt - vorkommen. Es sind plastische Gebilde aus Holz, die wie Menschenköpfe aussehen und das Haus vor Anschlägen neidischer Nachbarn bewahren sollen. Solch einen "Neidkopf" habe ich nur noch in einem Hause in der Oberhees gefunden. Das Siegerländer Wörterbuch

47 Volnsberg, Haus Müller, Füllholz-Schnitzerei am Giebel, links
48 Volnsberg, Haus Müller, Füllholz-Schnitzerei am Giebel, Mitte
49 Volnsberg, Haus Müller (Hennerde), Füllholz-Schnitzerei am Giebel, rechts (alle 1986)

5o Breitenbach, Breitenbacher Str. 37o, Jagd- und Tierfries in den Füllhölzern des Giebels (1986)

51 Vormwald, Siebelnhofer Str.2, Schnitzwerk und Reste von Stipp-Putz in den Dreiecksgefachen zwischen Streben und Ständern

52 Vormwald, Siebelnhofer Str. 2, Eckständer (1986)

53
Eisern, Schulstr. 42,
Irle-Haus, 1718,
Schnitzwerk am Ober-
stock der Traufseite

54
Hohenhain, Haus
Nr. 2/2

erwähnt drei weitere Beispiele (336) in Buschgotthardtshütten und Fichenhütten.
Im Gebiet des Hallenhauses konzentriert sich der Schmuck im allgemeinen auf die Bauhölzer um das Einfahrtstor. Hier bietet sich nämlich genügend Raum, um der Schmuckfreudigkeit Ausdruck zu geben. Da das große Tor jedoch im Siegerlande fehlt, muß anderweitig Platz gefunden werden. So hat man nach hessischem Vorbild die Bundpfosten oft mit Rankenwerk versehen, hauptsächlich im oberen Geschoß, wo die Verzierung in die Augen fällt. Das Giebelfeld bleibt jedoch stets frei von jeglicher Schnitzerei. Hier läßt man das Fachwerk für sich allein wirken.
Zwischen hessischer und Siegerländer Schnitzerei besteht ein kleiner Unterschied. Motiv und Technik sind zwar die gleichen, aber das Siegerländer Schnitzwerk ist schlichter und verhaltener als das hessische (337).
Während der Balken über dem Deelentor des Hallenhauses in der Regel für eine Hausinschrift ausgiebig Raum bietet, reicht der Platz über der Haustür des Siegerländer Hauses nur für die Namhaftmachung des Bauherrn und die Angabe des Baujahres aus. Seit dem 18. Jahrhundert hat man sich aber in den meisten Fällen nicht mehr damit begnügt und eine weitere Inschrift zu beiden Seiten des Hauseinganges auf dem mittieren Riegel, dem "Brosdrejel" (338) (Brustriegel), angebracht. Nicht selten läuft diese Inschrift um das ganze Haus.
Leider sind nicht mehr viele lesbare Inschriften vorhanden. In der Regel handelt es sich um Bibelsprüche oder Bitten um göttlichen Schutz vor Kriegs- und Feuersnöten. Vereinzelt kommt neben der Frömmigkeit des Erbauers auch dessen Humor zu Ausdruck, während es sich nur ganz selten um Inschriften mit apotropäischer Bedeutung handelt.
Die Bewohner eines Hauses in Ruckersfeld, das dem Fachwerk nach zu urteilen um die Mitte des 18. Jahrhunderts entstanden ist, berichteten mir, daß ihre Hausinschrift im vergangenen Jahrhundert herausgemeißelt worden sei, weil sie "gegen das Gesetz" verstoßen habe. Welches Gesetz gemeint war, wußte man nicht zu sagen, oder man verschwieg es. Ebenso wenig konnte ich den Inhalt der Inschrift erfahren.
Eine in Hessen weit verbreitete Schmuckform der Fachwerkwand, der

Kratzputz, war im Siegerlande in früherer Zeit wahrscheinlich häufiger. So ist er z. B. für Schmoeckel (339) noch eine Selbstverständlichkeit. In den noch weichen Lehmbewurf der Fachwerkwand werden mit einem Strohwisch (340) oder Ginsterbesen Figuren geritzt, auf diese Weise bleibt die Kalkschicht, mit der die Wände überzogen werden, besser haften. Der Kratzputz findet sich heute (410) - soweit mir bekannt - nur noch an zwei Siegerländer Bauernhäusern, in Nenkersdorf (424, Abb. 55) und in Breitenbach. In Brei-tenbach ist er nur noch an der Rückseite erhalten. Hier handelt es sich vorwiegend um Ornamente aus der Tier- und Pflanzenwelt, während der Kratzputz am Nenkersdorfer Haus meist Phantasieformen aufweist.

Eine Verkleidung des Fachwerks fehlte ursprünglich. Lediglich im Winter versah man den unteren Teil der den kalten Winden preisgegebenen Hauswände bis in Mannshöhe mit Ginsterbündeln als Kälteschutz. Vor allen Dingen wurden die Stallwände auf diese Weise umhüllt.

Die zum Irmgarteichener Pfarrhause gehörige Scheune ist an der Wetterseite heute noch mit einem Strohmantel verkleidet (Abb. 33). Diese Art der Wandbekleidung ist heute noch bei hessischen Scheunen üblich (341, 425) und wahrscheinlich früher auch im Siegerland verbreitet gewesen.

Das Erdgeschoß der Häuser reicher Bauern wird zuweilen mit waagerecht laufenden Brettern verschalt. Seit der Mitte des vorigen Jahrhunderts ist man mehr und mehr im Siegerlande dazu übergegangen, die Hauswände, vor allem die Schlagseite, mit Schiefer zu beschlagen, und die jüngste Art der Verkleidung ist ein gepreßtes Blech, das häufig die Form der Beschieferung nachahmt und sehr geschmacklos wirkt. Zum Glück aber ist das schöne, ursprüngliche Gesicht des Fachwerkhauses noch nicht ganz aus der Siegerländer Landschaft geschwunden.

55 Nenkersdorf, Siegtalstr. 13, 1779 bezeichnet. Oben Traufseite mit Hauseingang, unten Vordergiebel und Kratzputz (1986)

III Räumliche und zeitliche Verbreitung der Hausformen im Siegerland

Bisher sind in dieser Arbeit die Hausformen des Siegerlandes beschrieben worden, ohne daß auf ihre Verbreitung in Raum und Zeit eingegangen ist. Der räumlichen und zeitlichen Verbreitung ist ein eigenes Kapitel vorbehalten, das einen Gesamtblick auf die Siegerländer Hauslandschaft und in die dort herrschende dauernde Bewegung vermitteln soll.

Zunächst soll ein Überblick gegeben werden über die jüngeren hausbaulichen Verhältnisse und anschließend über die Verbreitung der verschiedenen Hausformen innerhalb früherer Jahrhunderte.

Wir haben gesehen, daß es bei der Typenbestimmung eines Hauses nicht allein auf die Bauart, sondern auch auf sein Wesen (411) ankommt. Die Bauart wird vor allem bestimmt durch das Verhältnis des Grundrisses zum Hausgerüst, das Wesen durch die Aufgaben, die den einzelnen Räumen zufallen. Bestimmend für das Wesen des Siegerländer Hauses ist die Nutzung des Ern. Wir unterscheiden Häuser mit geräumigem, durch beide Geschosse reichendem Deelen-Ern, der - wie die niederdeutsche Deele- als Wirtschaftsraum genutzt wird, und Häuser mit niedrigem Flur-Ern, der in der Höhe des ersten Geschosses stets mit einer Zwischendecke versehen ist. Hier ist als Wirtschaftsraum - nach mitteldeutschem Vorbild - stets eine besondere Tenne vorhanden. Der Hausgang eines Vierständer-Hauses mit längsachsigem, dreischiffigem Grundriß kann durchaus bereits zum Flur-Ern geworden sein, wie auch umgekehrt der Ern eines quergeteiten Hauses mitteldeutscher Bauart deelenartigen Charakter haben kann. Bauformen und Wesen stimmen also nicht immer miteinander überein. Das muß gesehen werden, wenn nieder- und mitteldeutsche Verquickungen beim Hausbau deutlich gemacht werden sollen.

Als Grundlage für eine geographische Übersicht über die einzelnen Haustypen des Siegerlandes wird daher die Verbreitung des Deelen-Ern angegeben (Karte III: Abb. 63). Hierbei können die Verhältnisse der jüngsten Zeit nicht berücksichtigt werden, da sich aus ihnen ein falsches Bild ergeben würde. Der Deelen-Ern ist nämlich seit den 20er Jahren dieses Jahrhunderts nahezu ausschließlich zum Flur-Ern geworden. Es muß daher nach Nutzung und Aussehen

des Ern im Anfang des 20. Jahrhunderts gefragt werden. Eine der Hauptarbeiten, die früher auf dem Deelen-Ern oder - wo er fehlte - auf der Tenne verrichtet wurden, ist das Dreschen. Der ehemalige Dreschplatz im Hause bestimmt also den Charakter des Ern.
Karte III gibt die Verbreitung des Dreschens auf dem Ern wieder. Man erkennt auf dieser Karte deutlich eine Staffelung von Norden nach Süden. Im nördlichen Teile des Siegerlandes überwiegt das Dreschen auf dem Ern. Es ist also das Gebiet mit vorherrschendem Deelen-Ern. Es wird eingeschlossen im Südwesten, Süden und Osten von einer Landschaft, in der nur noch vereinzelt auf dem Ern gedroschen wird. Der sich daran im Süden anschließende Gürtel besaß bereits um 1920 keinen Deelen-Ern mehr. Hier ist der Ern schon in der ersten Hälfte des 19. Jahrhunderts zum Flur-Ern geworden, und nur wenige alte Leute wissen noch aus Berichten ihren Vorfahren, daß "früher" vereinzelt auf dem Ern gedroschen worden ist. Die Alten selbst kennen nur noch die Tenne als Dreschraum, können sich jedoch noch hin und wieder daran erinnern, daß der Ern durch beide Geschosse des Hauses, bis unter die Dachbalken, gereicht hat. Der äußerste Südzipfel des Landes kennt ausschließlich die Tenne als Dreschplatz. Vereinzelt in diesem Gebiet noch auftretende niederdeutsche Vierständerbauten mit Mittellängs-Ern haben stets eine Dreschtenne eingebaut. Der Wohncharakter dieser Häuser ist also bereits, trotz niederdeutscher Bauart, mitteldeutsch. Reine niederdeutsche Haustypen gibt es hier nicht mehr und es ist auch nicht anzunehmen, daß sie jemals vorgekommen sind, wie weiter unten eingehender erläutert wird. Bis zum Anfang des vorigen Jahrhunderts sind sie vereinzelt aufgetreten bis zu der Linie, welche die südlichsten Orte, in denen jemals Häuser mit Deelen- Ern vorgekommen sind, miteinander verbindet.
Diese Linie kennzeichnet damit die a l t e Grenze des südlichsten Vorstoßes rein niederdeutscher Haustypen. Im westlichen Siegerland fällt sie zunächst mit der Provinzgrenze zusammen, macht jedoch bei Niederschelden nicht die scharfe Biegung nach Süden mit, sondern läuft in leicht südöstlicher Richtung durch die Orte Eiserfeld, Eisern, Rinsdorf, erreicht in ihrem südlichsten Punkt Wilden und biegt dann nach Nordosten um, indem sie durch Wilnsdorf, Rudersdorf, Gernsdorf läuft und nordöstlich

Irmgarteichen die Provinzgrenze trifft. Die Keilform dieser Linie, mit der Spitze nach Süden gerichtet, ist unverkennbar.
Nahezu parallel zu dieser alten Grenzlinie verläuft in einem Abstand von durchschnittlich 8 km die Grenze, bis zu der sich der Deelen-Ern um 1920 zurückgezogen hatte. Es ist die junge Rückzugslinie des niederdeutschen Hauses. Sie führt von Nordwesten nach Südosten durch die Orte Niederholzklau, Langenholdinghausen, Weidenau (342), Kaan-Marienborn nach Oberdielfen, biegt dann nach Nordosten um und läuft durch Flammersbach, Anzhausen, Deuz, Grissenbach, Nenkersdorf und Walpersdorf.
Das nördliche Siegerland, in dem die Häuser mit Deelen-Ern bei weitem in der Überzahl sind, wird abgegrenzt durch eine Linie, die die Orte Eichen, Buschhütten, Geisweid, Dreis-Tiefenbach, Breitenbach (als den südlichsten Punkt), Brauersdorf, Afholderbach, Öchelhausen, Ruckersfeld und Hilchenbach miteinander verbindet. Auch diese Linie bildet einen nach Süden gerichteten Keil, dessen Winkel ein wenig spitzer ist als derjenige der beiden südlicheren Grenzlinien.
Auffallend ist, daß die jeweiligen südlichsten Orte auf den drei beschriebenen Grenzlinien, nämlich Breitenbach, Oberdielfen und Wilden, ungefähr auf einer Geraden liegen, die in nord-südlicher Richtung verläuft. Diese nahezu gleichförmige Staffelung der drei keilförmigen Linien, deren Spitzen nach Süden weisen, spricht für alte Nord-Südbewegungen bei der Verbreitung des niederdeutschen Haustyps.
Das gleiche scheint Karte IV (Ab. 64) zu bestätigen, auf der die Verbreitung der Hausformen in heutiger Zeit festgehalten ist. Wieder unterscheiden wir von Norden nach Süden gestaffelte Zonen innerhalb des Untersuchungsgebietes, die sich zum großen Teil mit den auf Karte III festgestellten Gebieten decken. Der Norden des Landes, in dem nach Karte III der Deelen-Ern überwiegt, ist als echte niederdeutsche Hauslandschaft anzusprechen, denn hier herrscht das längsgeteilte Vierständerhaus mit Deelen-Ern vor. Diese Bauform kann man als Abart des Durchgangsdeelen-Hauses betrachten, dem das Einfahrtstor fehlt (343). Der Landschaftsraum mit vorherrschendem Deelen-Ern deckt sich vollkommen mit diesem rein niederdeutschen Hausgebiet.
Südlich der Grenze der ausschließlich niederdeutschen Hausland-

schaft wird nur noch vereinzelt auf dem Ern gedroschen. In diesem Gebiet herrschen in der Bauweise die mittel- und niederdeutschen Mischformen vor, und zwar das längsgeteilte Vierständerhaus mit Flur-Ern und besonderer Dreschtenne und das quergeteilte Haus mit Deelen-Ern (344). Dieser Teil des Siegerlandes, in dem die Mischformen überwiegen, reicht im Westen bis an die alte Südgrenze des Deelen-Ern. Jedoch ist dort bereits Eisern der südlichste Punkt. Während die Grenzlinie des Deelen-Ern noch weiter bis Wilden in südöstlicher Richtung verläuft, nimmt die Verbindungslinie der südlichsten Orte, in denen Mischformen überwiegen, bei Eisern bereits Nordostrichtung nach Obersdorf und erreicht bei Oberdielfen die jüngere Südgrenze des Deelen-Ern, auf der sie weiter verläuft. Südlich dieser eben gekennzeichneten Linie herrscht, trotz ehemaligen vereinzelten Vorkommens des Deelen-Ern, das Ernhaus vor. In dieser Landschaft noch vereinzelt vorkommende Häuser niederdeutscher Bauart sind auf der Karte besonders gekennzeichnet.

Größere Beachtung gebührt dem versprengten Vorkommen von Vierständerhäusern mit Mittellängs-Ern südlich der alten Deelen-Erngrenze, in einem Raum mit ausschließlich mitteldeutschem Wohncharakter.

Schepke (345) erwähnt das südliche Vorhandensein von "sächsischen" Häusern in Daaden und Struthütten. Löber (346) schildert giebelständige Häuser mit "westfälischem" Einfluß aus Würgendorf und Holzhausen, zwei der südlichsten Orte des Siegerlandes, und jenseits des Höhenzuges der Kalteiche im Dillkreis in Allendorf, Rodenbach, Oberroßbach und Weidelbach. Es sind durchweg Häuser, die ins 17. Jahrhundert datiert werden können. Das Würgendorfer Haus, das leider in den letzten Jahren abgebrochen wurde, stammte aus dem Jahre 1620 (347) und das Struthüttener Haus aus dem Jahre 1670 (Abb. 56-58).

Bei näherer Betrachtung dieser südlichsten giebelständigen Häuser stellte sich heraus, daß ihre Bauherren in der Regel keine einfachen Bauern waren. Diese Häuser übertreffen nämlich die aus gleicher Zeit stammenden nördlicheren an Größe und Reichhaltigkeit des Fachwerks.

Das Haus aus Daaden (348) läßt duch teilweise Verschieferung und mehrfache Umbauten wenig von seiner ursprünglichen Art erkennen.

56-58 Struthütten, Stillweg 8/1o, Haus Still, 167o (1986)

Auffallend ist jedoch der alte Stockwerkbau, der für Häuser niederdeutscher Bauart im nördlichen und mittleren Siegerland nirgendwo belegt ist. Selbst die jüngsten Häuser dieser Bauform weisen zumindest noch durchgehende Bundpfosten auf.
Auch das von Schepke beschriebene Haus aus Struthütten (349) aus dem Jahre 1670 hat bereits ausgeprägten Stockwerkbau. Schepke selbst bringt keine Abbildung von diesem Hause. Nach seiner Beschreibung handelt es sich jedoch um das Haus Still (426), das einzige heute noch in Struthütten vorhandene giebelseitig aufgeschlossene Haus (Abb. 56-58). Auffallend sind hier außer dem Stockwerkbau noch die mächtigen, für das 17. Jahrhundert außerordentlich reich mit Schnitzwerk verzierten Fachwerkhölzer. Ein Vergleich mit dem Hause Stötzel aus Afholderbach (Abb. 3) oder mit dem Hause Wickel aus Niedernetphen (350, Abb. 7) - beide Gebäude stammen aus der gleichen Zeit wie das Struthüttener Haus - zeigt deutlich den Unterschied zwischen einem eigentlichen Bauernhaus und dem Hause Still aus Struthütten. Auch Löber betont bereits das "repräsentative Gepräge" vieler dieser südlichen giebelständigen Häuser (351). Es sind Bauten reicher Bauern oder gar solche von Bergwerks- und Hüttenbesitzern, Gewerken, die ihre besondere Stellung wohl dadurch hervorheben wollten, indem sie ihre Häuser nicht in dem damals auf dem Lande üblichen Stile errichtet, sondern Bürgerhausformen zum Vorbild genommen haben.
Die giebelständigen Häuser des südlichen Siegerlandes unterscheiden sich jedoch nur in der Bauform von den übrigen in diesem Gebiete gebräuchlichen Bauten, denn ihr Wesen ist immer mitteldeutsch. Keines dieser Häuser hat einen Deelen-Ern. Der Dreschplatz ist stets die Tenne, die innerhalb des Hauses oder außerhalb in der Scheune liegen kann, und so ist es wohl von jeher gewesen.
Eine Besonderheit bilden die giebelständigen Häuser in Holzhausen, die sich in der Dorfmitte, dem Brunnen gegenüber, aneinanderreihen, so daß man sich zunächst in eine sauerländische Dorfstraße versetzt glaubt (352). Diese Häuser heben sich weder durch besondere Größe noch durch besondere Schmuckfreudigkeit im Fachwerk von den übrigen Gebäuden des Dorfes ab. Ihre der Straße zugekehrte Seite ist jedoch bereits im Stochwerkbau errichtet (Abb. 59 und 6o).

59 Holzhausen, Dorfplatz Hoorwaldstraße (um 1950)

60 Holzhausen, Rückseite eines giebelseitig aufgeschlossenen Hauses; das Scheunentor im Rückgiebel ist allerdings ein nachträglicher Einbau (um 1950)

Bei näherer Betrachtung dieser Häuser ergibt sich, daß sie quergeteilt sind in Wohnteil, Stallteil und Scheune. Stalltür und zuweilen auch das Scheunentor befinden sich an der Traufseite (Abb. 6o), nur der zur Straße gerichtete Wohnteil hat giebelseitigen Eingang und ist dreifach gegliedert in Richtung der Längsachse. Im Grunde handelt es sich um ein quergeteiltes Einhaus, bei dem der Wohnteil eine Drehung um 90 Grad erfahren und - nach dem Vorbild eines niederdeutschen Haustyps - einen Mittellängs-Ern erhalten hat.

Diese Häuser in Holzhausen stehen Giebel an Giebel gereiht, dicht nebeneinander. Zwischen ihnen ist jeweils nur eine schmale Gasse gelassen. Sie laufen parallel mit der Dorfstraße, liegen aber ein wenig zurück und lassen so einen freien Platz, der an den Marktplatz einer kleinen Stadt erinnert. Man scheint sie absichtlich so angelegt zu haben, um der Dorfmitte ein städtisches Gepräge zu geben. Auf diese Weise ist auch die Giebelständigkeit der Häuser zu erklären, deren Stall- und Scheunentüren bei Traufstellung sogleich das Bauernhaus verraten hätten.

Mitteldeutsche Quereinteilung ist hier mit niederdeutscher Längsteilung verbunden. Der Wohnteil ist stets dreischiffig längsgeteilt, die Haustür liegt in der Mitte der Giebelseite, und der von den Innenständerreihen eingeschlossene Ern läuft als Mittellängs-Flur durch den gesamten Wohnteil. Die dreischiffige Gliederung des Wohnteils spricht für niederdeutschen Einfluß. Der Ern ist allerdings schmal und niedrig, so daß er nicht im entferntesten mehr an die Mittellängsdiele des Hallenhauses erinnert.

An diesen Wohnteil gliedern sich in Firstrichtung Stall und Scheune an. Der Stall ist stets von der Traufseite zu betreten, die Scheune meist von der rückwärtigen Giebelseite aus. Der Abstand zwischen zwei Häusern ist nämlich oft so gering, daß für ein Erntefuhrwerk keine Möglichkeit besteht, von der Seite her in die Scheune zu gelangen.

Neben diesen Vierständerbauten mit dreigegliedertem Wohnteil stehen andere Häuser, deren Eingang sich zwar auch an der Giebelseite befindet, aber nicht mehr in der Giebelmitte sondern seitwärts liegt (353). Der Wohnteil ist also nur zweigliedrig. Diese Häuser kommen im gesamten mitteldeutschen Hausgebiet des Siegerlandes vereinzelt vor. Hier kann jedoch von einem niederdeutschen

Einfluß keine Rede sein. Es sind echte Ern-Häuser mit zweizonigem Wohnteil, dessen Eingang zur Giebelseite gelegt worden ist.

Karte V (Abb. 65) gibt die Verbreitung des Vierständerhauses mit Mittellängs-Ern innerhalb der verschiedenen Jahrhunderte wieder (354). Wir sehen, daß diese Hausform im 17. Jahrhundert im gesamten Siegerland verbreitet ist, allerdings im nördlichen und mittleren Teil häufiger vorkommt als im Süden. Ihre Hauptblütezeit fällt in die erste Hälfte des 18. Jahrhunderts. Zu dieser Zeit werden jedoch nur noch niederdeutsche Hausformen nördlich der alten Deelen-Erngrenze gebaut. In der zweiten Hälfte des 18. Jahrhunderts ist diese Hausart bereits noch weiter nach Norden zurückgewichen und zwar bis zur heutigen Südgrenze des Deelen-Ern. Nördlich davon bleibt das niederdeutsche Haus noch eine zeitlang vorherrschend, bis auch hier im beginnenden 19. Jh. das von Süden her vordringende Ernhaus zur Regel wird (s.Karte VI).

Die Verbreitung von niederdeutschen Bauten über das gesamte Siegerland im 17. Jahrhundert und das Zurückweichen in den folgenden Jahrhunderten mag zunächst den Eindruck erwecken, es handle sich im Siegerland um eine ursprünglich rein niederdeutsche Hauslandschaft, in die erst vom ausgehenden 17. Jahrhundert ab mitteldeutscher Einfluß gedrungen sei. Eine Fülle von Tatsachen spricht jedoch dagegen.

Wie oben gezeigt worden ist, sind die südlichsten Häuser mit niederdeutscher Bauform keine echten Vertreter des Durchgangsdeelenhauses. Ganz abgesehen davon, daß die Deele als Wirtschaftsraum fehlt und dafür die Tenne eingerichtet worden ist, sind es keine gewöhnlichen Bauernhäuser. Sie haben stets repräsentativen Charakter, sei es als Prachtbau eines wohlhabenden Gewerken oder als Gebäude innerhalb eines geschlossenen Dorfplatzes. Wäre das südliche Siegerland jedoch als altes Reliktgebiet niederdeutscher Bauart anzusprechen, so würde man hier hin und wieder, wie in den anderen Teilen des Kreises Siegen, ein schlichtes Bauernhaus mit Mittellängs-Ern finden oder zum mindesten ein solches aus der Erinnerung kennen. Es scheint aber, als ob der rein niederdeutsche Haustyp hier nirgends Fuß fassen konnte. Er wurde sogleich umgeformt und mit mitteldeutschen Zügen durchgesetzt.

Im Kapitel I wurde bereits gezeigt, daß noch im 16. Jahrhundert vielerorts im Siegerland die Mehrhausanlage üblich war, zumindest

lag die Scheune fast immer außerhalb des Hauses. Lediglich das Gebiet im Nordwesten des Landes kannte bereits das Einheitshaus, das wohl als eine Abart des niederdeutschen Hallenhauses anzusprechen ist. (Vgl. Karte I, Abb. 61). Dieser Nordwestzipfel grenzt im Norden und Westen an das kurkölnische Sauerland, eine alte niederdeutsche Hauslandschaft (355). Hart an der Siegerländer Westgrenze liegt, auf Sauerländer Boden, Hünsborn mit dem südlichsten Hallenhaus mit erhaltener Toreinfahrt aus dem Jahre 1611 (356). Es liegt auf der Hand, daß sich die niederdeutschen Baueinflüsse schon früh in den angrenzenden Gebieten des Siegerlandes geltend gemacht haben. Von dort breiten sich diese Einflüsse weiter über das gesamte Land aus.
Ein Vergleich von Karte I mit Karte V macht diese Wanderung deutlich. Sie vollzieht sich zunächst in südöstlicher Richtung. Der nordöstliche und östliche Teil des Untersuchungsgebietes ist im 17. Jahrhundert allem Anschein nach noch nicht von der niederdeutschen Bauwelle erfaßt, denn hier sind fast keine Häuser aus dieser Zeit zu finden. Die ältesten stammen aus dem Anfang des 18. Jahrhunderts. Der Süden dagegen kennt schon aus dem 17. Jahrhundert die oben behandelten niederdeutschen Einsprengsel. Die erste Einbruchswelle der niederdeutschen Bauart ist also, wenigstens in ihren durch Konstruktion und Grundriß bedingten Auswirkungen, bis zum Südzipfel des Siegerlandes vorgedrungen. Die folgenden Wellen ebben immer weiter im Norden ab, wie Karte III und IV verdeutlichen. Das von Süden vordringende mitteldeutsche Einhaus hemmt immer mehr die Ausbreitung des Hallenhauses.
Das Ernhaus steht nämlich der bis ins 16. Jahrhundert im Siegerland üblichen Hofanlage mit getrennt liegender Scheune näher als das Hallenhaus. Während bei diesem durch seine Verquickung von Wohn- und Wirtschaftsteil ein völlig anderes Wohngefühl zugrunde liegt, bleibt beim Ernhaus, das ja nur den Wirtschaftsteil locker an den Wohnteil anschließt, der alte Wohncharakter erhalten. Es rücken oft nur die ursprünglich voneinander getrennt liegenden Gehöftteile zusammen (357). Es nimmt daher nicht wunder, daß das Ernhaus, als es sich einmal herausgebildet hatte, rasch die Verbreitung des Hallenhauses zu hemmen vermochte.
Auf Karte VI ist die räumliche und zeitliche Verbreitung des Ernhauses im Siegerland wiedergegeben. Die ältesten Häuser dieser

Art, aus dem ausgehenden 17. Jahrhundert, stehen im Südzipfel des Landes, wie nicht anders erwartet werden kann. Dieser Haustyp dehnt sich rasch nach Norden aus. Ein halbes Jahrhundert später ist schon der gesamte mittlere Teil des Untersuchungsgebietes bis zur jüngeren Rückzugslinie des Deelen-Ern von mitteldeutschen Hausformen durchsetzt, die Ende des 18. Jahrhunderts bereits bis an das eigentliche Kerngebiet des niederdeutschen Hauses im Norden heranreichen und zu Beginn des 19. Jahrhunderts im gesamten Siegerland verbreitet sind. von nun an bleiben sie die alleinige Bauform. Häuser niederdeutscher Bauart werden nicht mehr errichtet und die alten Häuser mit Durchgangsdeelen-Ern häufig nach dem Muster des mitteldeutschen Hauses umgebaut. Das Hallenhaus ist von nun an in seinem Wohncharakter bedroht. Mit dem Anfang des 19. Jahrhundert beginnt der Untergang der niederdeutschen Hausform des Siegerlandes.

Ein Vergleich der Verbreitungskarte des niederdeutschen Hauses mit der des mitteldeutschen zeigt, daß das mittlere Siegerland im 18. Jahrhundert bereits von beiden Hausformen druchdrungen ist. während um diese Zeit der Norden noch frei von mitteldeutschen und der Süden bereits wieder frei von niederdeutschen Formen ist. Im 18. Jahrhundert entstehen die meisten Neubauten im Siegerland. Es ist zu verstehen, daß sich in einer Zeit der großen Baufreudigkeit in einem Gebiet, in dem zwei verschiedene Hausformen aufeinanderstoßen, Bauarten herausbilden, die von beiden Seiten beeinflußt sind.

Die häufigste Mischform ist das Haus mit Querdeelen-Ern. Hier ist der Flur des quergeteilten Hauses auf niederdeutsche Art als Dresch- und Wirtschaftsraum genutzt. Diese Hausart entsteht in allen Gegenden, in denen sich eine Auseinandersetzung des Hallenhauses mit dem Ernhaus abspielt (358). Sie kommt in sämtlichen Mischgebieten nieder- und mitteldeutscher Hausformen vor (359).

Das quergeteilte Haus mit Deelen-Ern, daß im mittleren Siegerland um die Mitte des 18. Jahrhunderts entstanden ist, wird Ende des Jahrhunderts bereits im Norden des Landes gebaut, während es sich in keinem Falle weiter nach Süden ausgedehnt hat. Jenseits der alten Deelen-Erngrenze kommt es nämlich nicht vor, ein Zeichen dafür, daß zur Zeit der Entstehung des Querdeelenhauses im 18. Jahrhundert die Nord-Südwanderung der niederdeutschen Hausformen

bereits abgeschlossen war.
Die zweite, weit verbreitete Mischform, das längsgeteilte Vierständerhaus mit Flur-Ern und besonderer Dreschtenne ist, wie bereits erwähnt, im 17. Jahrhundert im südlichen Siegerland anzutreffen, während sie im Entstehungsraum des Querdeelenhauses, wie dieses selbst, erst seit der Mitte des 18. Jahrhundert auftritt. Das längsgeteilte Haus mit Flur-Ern ist also älter als das Haus mit Querdeelen-Ern und das Produkt einer früheren Berührung von nieder- und mitteldeutscher Hausform, die bereits im 17. Jahrhundert im Südteil des Landes stattgefunden hat. Im 18. Jahrhundert scheint diese Mischform zum zweitenmal im mittleren Siegerland entstanden zu sein. Heute ist sie vor allem im nordöstlichen Siegerlande, im Raume östlich von Hilchenbach, verbreitet.
Es bleibt noch kurz eine Mischform zu erwähnen, die im Westen des Landes, dem Amt Freudenberg häufig vorkommt: das Vierständerhaus mit längslaufendem Deelen-Ern, bei dem jedoch der Stall nicht in einem Seitenteil untergebracht ist, sondern am rückwärtigen Giebelende quer zur Hausachse liegt (360). Diese Bauart, die seit der Mitte des 18. Jahrhunderts vorkommt, stimmt mit der des Bergischen Hauses überein und ist vom angrenzenden Wildenburger Gebiet übernommen.
Das Siegerland ist als Grenzgebiet zwischen mittel- und niederdeutscher Bauart gezeigt worden. Eine Grenzlinie, die scharf das niederdeutsche Haus vom mitteldeutschen trennt, gibt es nicht. Es handelt sich vielmehr um mehrere Grenzgürtel, die auf Karte III und IV (Abb. 63 und 64) festgehalten sind. Die niederdeutsche Bauform, Vierständerbau mit Mittellängs-Ern ist weiter zum Süden hin verbreitet als die Wohnform des Hallenhauses. Die südlichsten Siegerländer Orte, in denen noch längsgeteilte Vierständerhäuser festgestellt werden können, sind Struthütten, Burbach, Würgendorf und Holzhausen. Außerhalb des Siegerlandes liegen auf rheinländischem Boden Daaden und Mudersbach (361) und im Dillkreis Allendorf, Haiger, Rodenbach, Oberroßbach, Weidelbach und Ewersbach (362). Bis hierhin sind also die letzten Ausläufer des Hallenhauses gedrungen, die jedoch nur noch die Bauform mit diesem gemein haben. Eine Abart der Durchgangsdeele, der Deelen-Ern, hat an der oben beschriebenen alten Deelen-Erngrenze halt gemacht. Bis dahin hat also einmal die Form des Hallenhauses ohne Ein-

fahrtstor gereicht, und zwar bis zur Mitte des vorigen Jahrhunderts. Die Grenze der Hallenhauses mit Einfahrtstor entspricht der Peßlerschen Grenzlinie.

Es fragt sich nun, was als die eigentliche Südgrenze des niederdeutschen Hauses angesehen werden soll. Die Antwort muß offen bleiben, denn es könnte im Grunde jede Linie innerhalb des Grenzgürtels als die entscheidende Grenze gerechtfertigt werden.

Frühere hauskundliche Arbeiten haben nur die Bauform berücksichtigt, ohne auf den Wohncharakter zu achten (363). Schepkes Südgrenze des Längsdielenhauses (364) läuft von Mudersbach in Nordsüdrichtung durch die Orte Struthütten und Daaden, wendet sich dann scharf nach Nordosten auf Rudersdorf und Deuz zu und geht weiter durch Netphen, Afholderbach und Vormwald. Schepers übernimmt bei seiner Festlegung der äußersten Grenze des Hallenhauses im gesamten deutschen Raum (365) für den Siegerländer Teil die Schepkesche Grenzlinie. Diese Linie stimmt im westlichen Teil mit der in dieser Arbeit auf Karte IV dargestellten Grenze des niederdeutschen Vierständerbaus überein, muß jedoch im östlichen Teil berichtigt werden, da sie die östlichen Orte des Siegerlandes und angrenzenden Dillkreises mit niederdeutschen Bauformen nicht berücksichtigt.

Karte IV, auf der sämtliche Grenzlinien der niederdeutschen Bauart eingezeichnet sind, veranschaulicht, wie die reine Form des Hallenhauses, die noch nördlich der Peßlerschen Grenze vorkommt, im Siegerlande immer seltener wird und im Südzipfel des Landes überhaupt nicht mehr vorkommt.

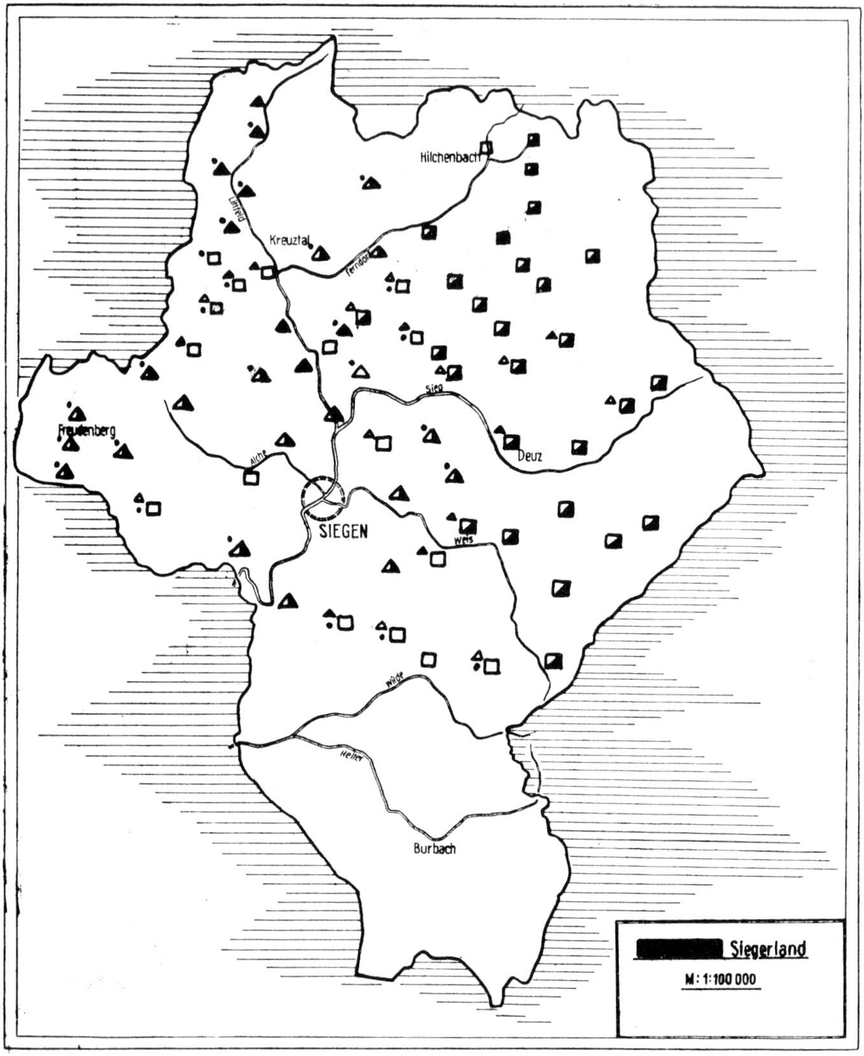

▲ 75 - 100 % Einhäuser
△ 50 - 75 % Einhäuser
▴ vereinzeltes Vorkommen von Einhäusern
□ vorwiegend Vielhausanlage, Nebengebäude einzeln aufgeführt
◪ vorwiegend Vielhausanlage, Gesamtheit der Gebäude mit „Beuchen" bezeichnet
• Nebengebäude vereinzelt mit „Beuchen" bezeichnet

61 Karte I
Verbreitungen der Hausformen nach den Schatzungen von 1566

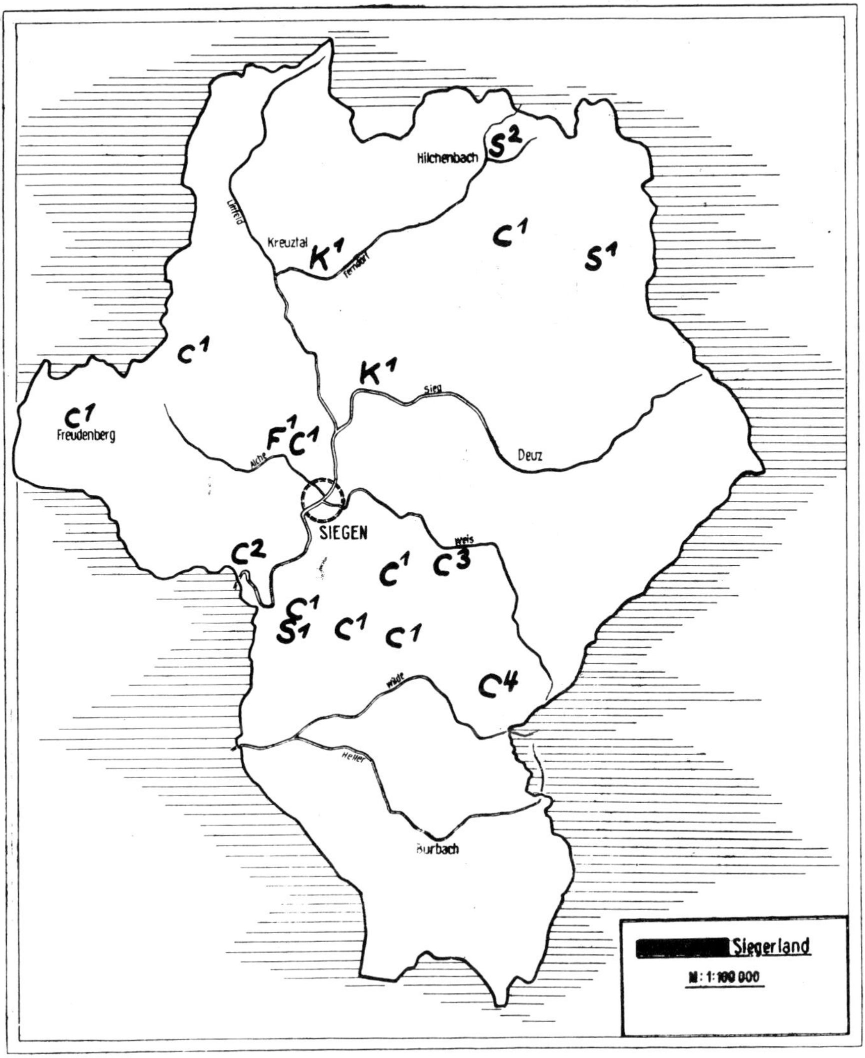

C Kammer(beuchen)
F Fruchtkasten
K Keller
S Speicher

Die Zahlen geben die Anzahl der jeweils im Orte vorkommenden Nebengebäude an

62 Karte II
Nebengebäude nach den Schatzungen 1566

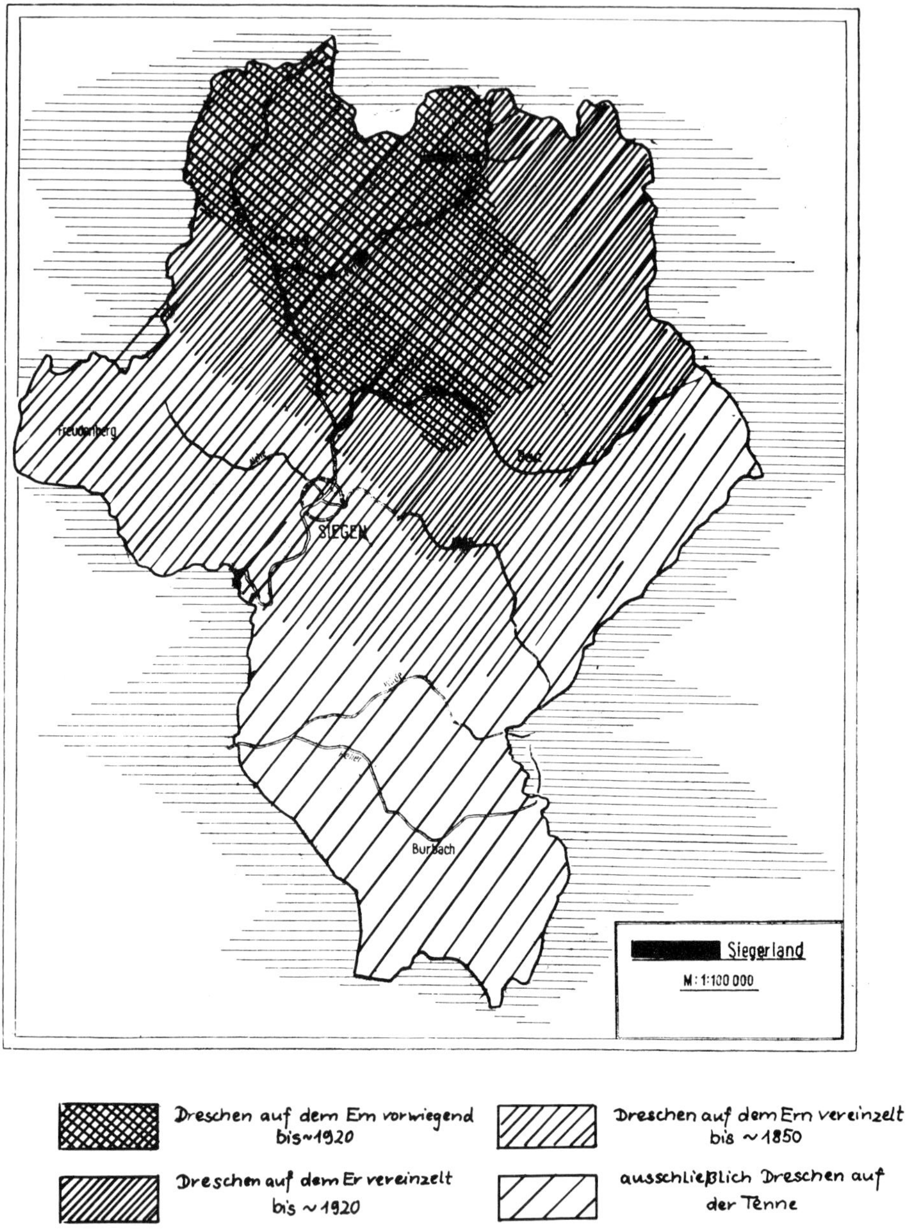

63 Karte III
Verbreitung des Dreschens auf dem Ern

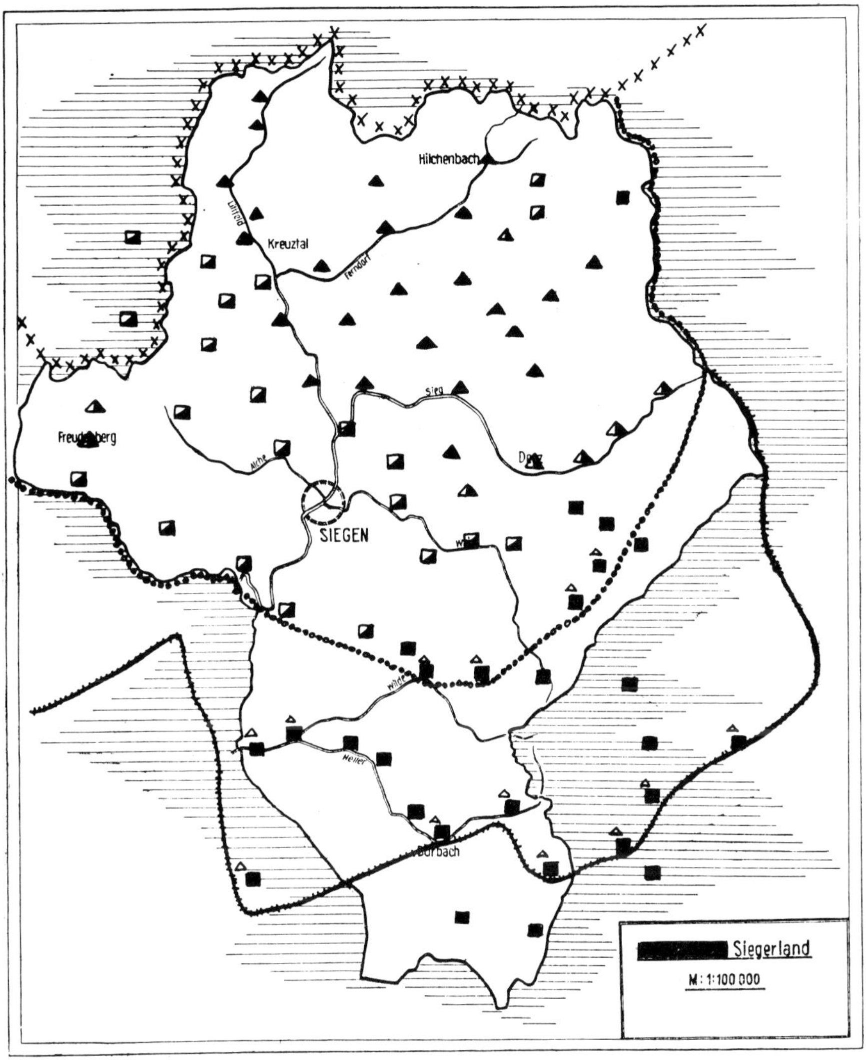

▲ ndd. Bauform mit Deelen-Ern vorwiegend
◭ 50 % ndd. Bauform – 50% Mischtyp
◪ Mischtyp vorwiegend
■ Ernhaus vorwiegend
△ vereinzelt ndd. Bauform im Ernhausgebiet

XXXXXX Südgrenze des Einfahrtstores
●●●●●●●●●● Südgrenze des Deelen-Ern
+++++++++ Südgrenze der ndd. Bauform

64 Karte VI
Verbreitungen der Hausformen um 1955

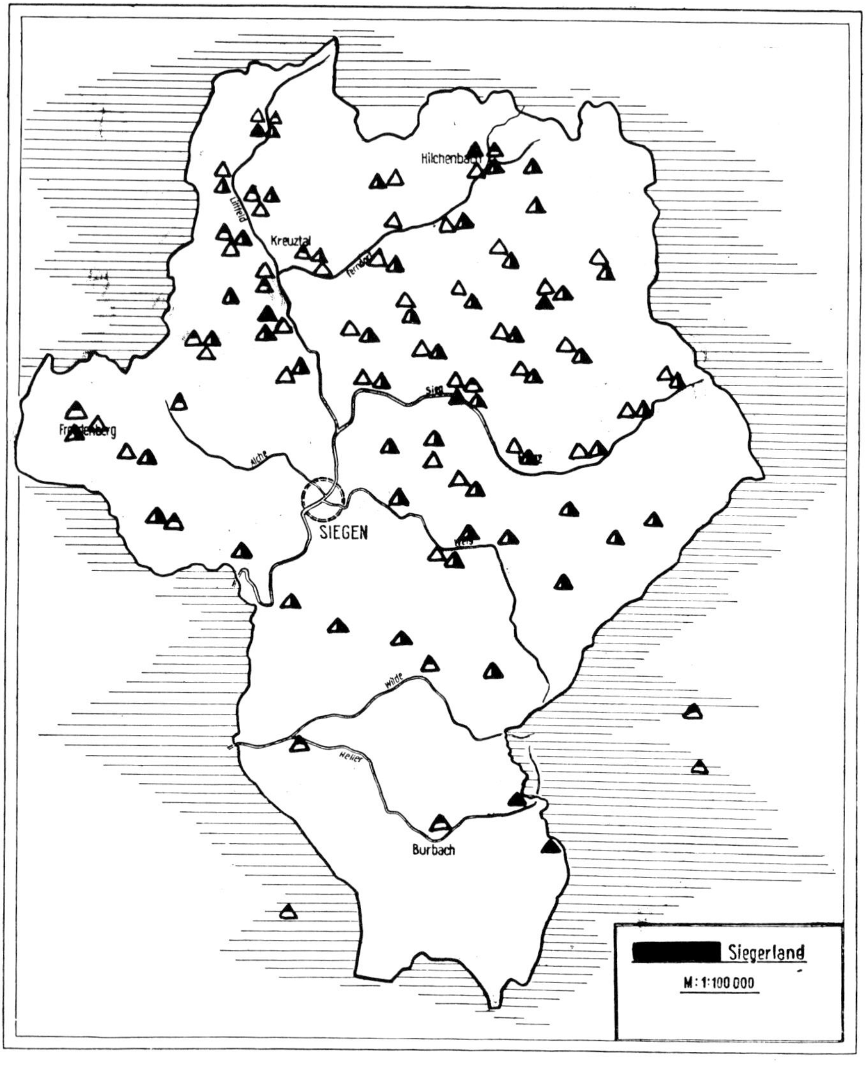

▲ Baujahr 1. Hälfte bis Mitte 17. Jhd.
△ Baujahr 2. Hälfte bis Ende 17. Jhd.
▲ Baujahr 1. Hälfte bis Mitte 18. Jhd.
△ Baujahr 2. Hälfte bis Ende 18. Jhd.

65 Karte V
Verbreitung der niederdeut. Bauform in zeitlicher Schichtung

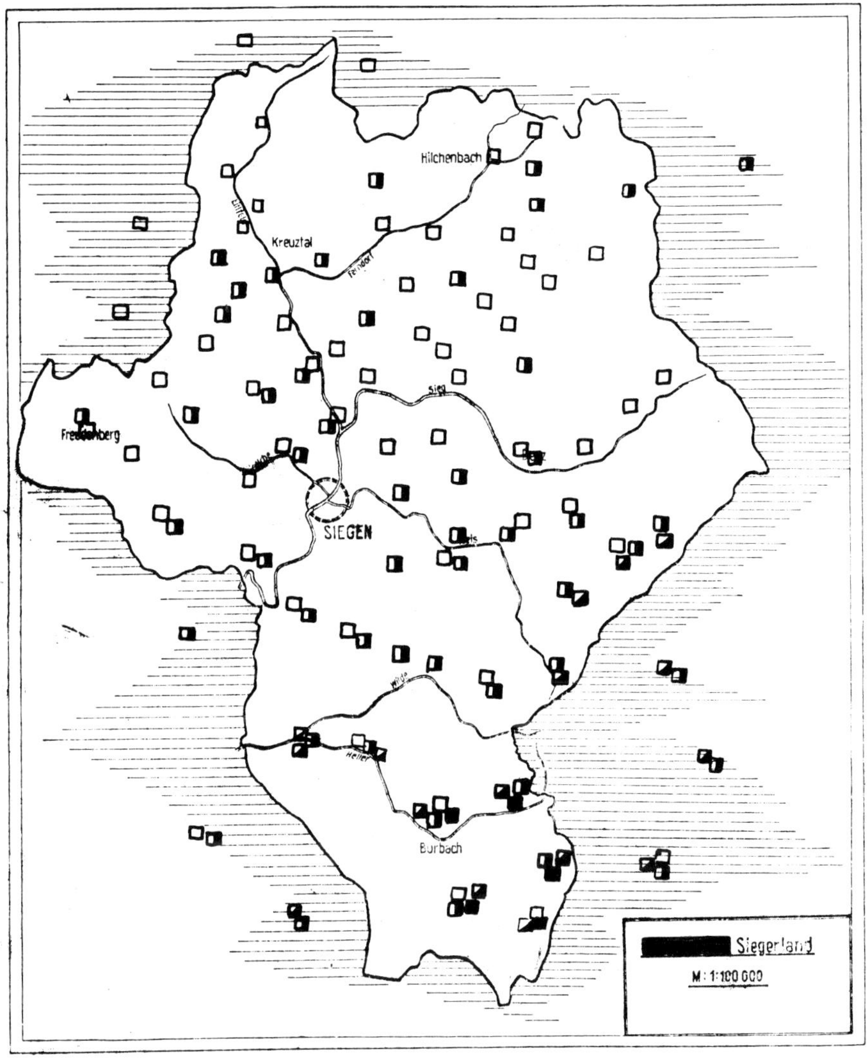

- Baujahr Ende 1600
- Baujahr 1. Hälfte bis Mitte 18. Jhd.
- Baujahr 2. Hälfte bis Ende 18. Jhd.
- Baujahr 1. Hälfte bis Mitte 19. Jhd.

66 Karte VI
Verbreitung der Ernhäuser in zeitlicher Schichtung

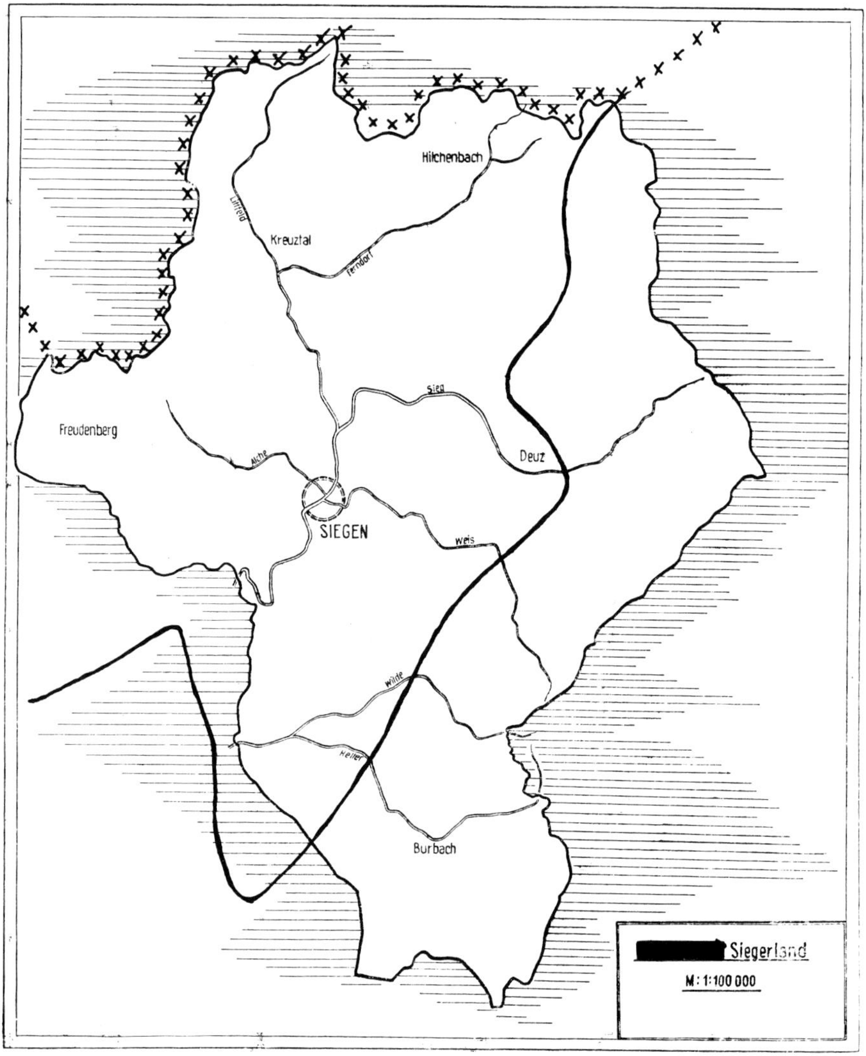

xxxxxx Grenze des niederdeutschen Hauses nach Peßler

——— Grenze des niederdeutschen Hauses nach Schepke

67 Karte VII
Grenze des niederdeutschen Hauses nach Peßler und Schepke

Schlußbetrachtung

Die Siegerländer Hauslandschaft ist ein Grenzgürtel, in dem nieder- und mitteldeutsche Baueinflüsse einander begegnen und sich miteinander vermischen. Durch diese Verquickung sind verschiedene Hausformen entstanden (s. Abb. 7o).

1. Die reinen Formen:

a. Das längsgeteilte Vierständerhaus mit Deelen-Ern, eine Abart des niederdeutschen Durchgangsdeelenhauses.

b. Das mitteldeutsche quergeteite Einhaus mit Flur-Ern (Ernhaus)

2. Die Mischformen:

a. Das Haus mit Querdeelen-Ern, das durch Firstwechsel aus einem Hause vom Typ 1 a entstanden ist.

b. Das längsgeteilte Vierständerhaus mit traufseitigem Aufschluß. Der längslaufende Deelen-Ern ist durch einen schmalen Flur mit dem Hauseingang verbunden.

c. Das giebelseitig aufgeschlossene Vierständerhaus mit längslaufendem Flur-Ern und angegliederter Scheune oder eingebauter Dreschtenne (Abb. 68 und 69).

d. Das giebelseitig aufgeschlossene Vierständerhaus mit längslaufendem Deelen-Ern und in Firstrichtung angegliedertem Stallteil (Vgl. Abb. 7o).

Die Nutzung des Ern ist entscheidend für das Wesen eines Hauses. Der Deelen-Ern hat als alter Dresch- und Futterplatz die gleiche Funktion wie die Deele des Hallenhauses, während dem Flur-Ern lediglich die Bedeutung eines Hausflurs zukommt. Die wirtschaftlichen Aufgaben hat die Tenne, eine mitteldeutsche Einrichtung, übernommen. - Heute dient der gesamte Raum unter dem Dache bei allen Siegerländer Haustypen der Aufbewahrung des Getreides. Eine Trennwand auf dem Dachboden zwischen Wohn- und Wirtschaftsteil ist auch beim quergeteilten Einhaus nicht üblich. Aber noch im 16. Jahrhundert scheint in den meisten Fällen das ungedroschene Getreide nicht im Hause gelagert worden zu sein, da andernfalls nicht das damalige zahlreiche Vorkommen von selbständigen Scheunengebäuden zu erklären wäre.

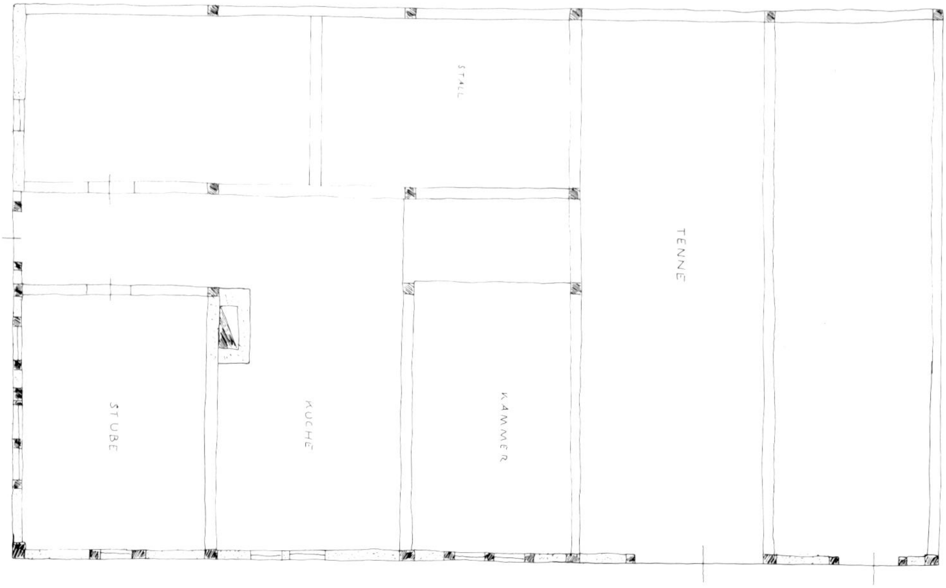

68 Grund, Jung-Stilling-Str.15, östliche Traufe (Ansicht), Grundriß und Querschnitt (1986)

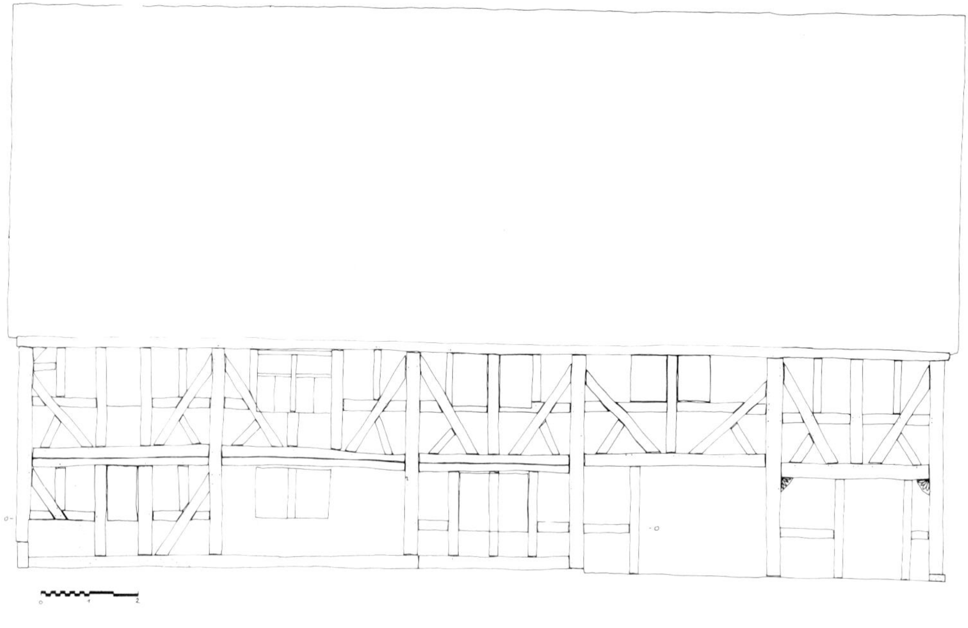

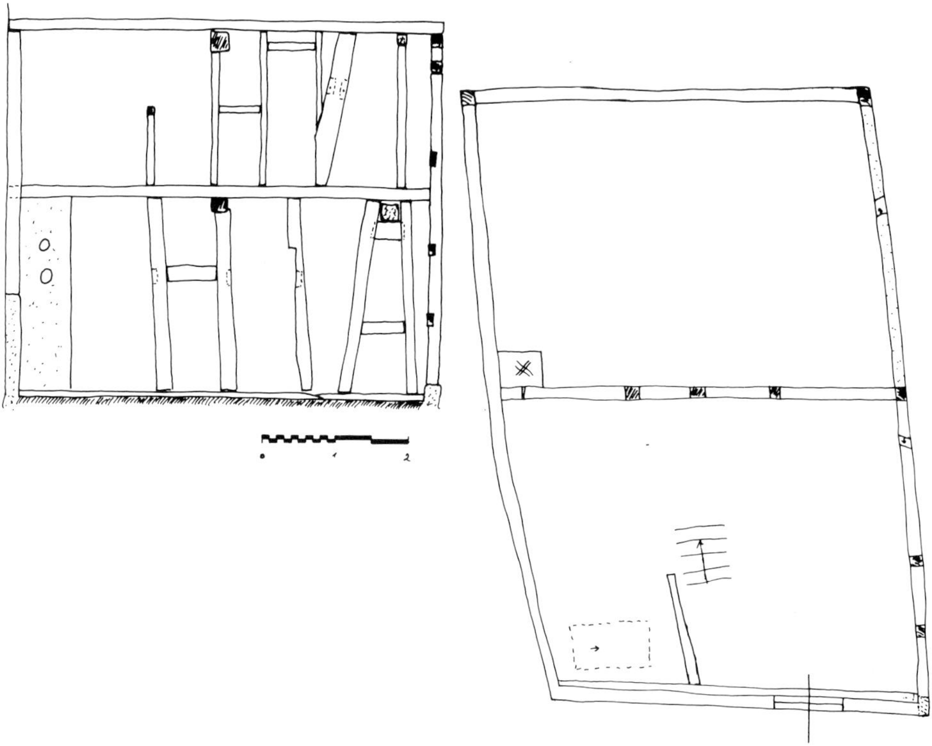

69 Siegen, Untere Metzgerstr. 2o, Querschnitt ohne Dach, rechte Traufe innen, Grundriß (1985, Aufmaß Katharina Hoppe)

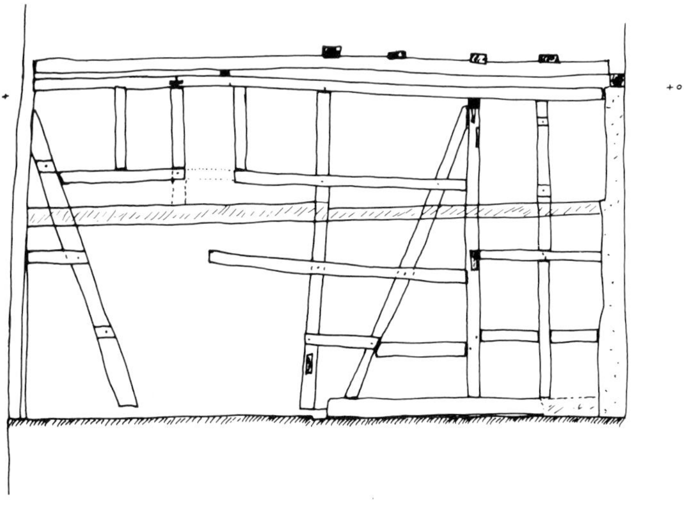

Küche und Wohnstube ist von jeher die gleiche Wohnbedeutung wie heute zugekommen. Die Küche ist nur Koch- und Wirtschaftsraum, während sich das eigentliche häusliche Leben, wie in Ober- und Mitteldeutschland, in der Stube abspielt, die zugleich Wohn-, Eß- und Arbeitsraum ist und bis vor rund 50 Jahren oft sogar Schlafraum war.

Heute ist von der Stube in den meisten Fällen eine kleine Kammer als Schlafstätte abgetrennt. Zwischen beiden Räumen besteht jedoch fast immer noch irgendeine Verbindung, damit die warme Stubenluft auch der Kammer mitgeteilt werden kann.

Die offene Herdstelle ist schon seit Menschengedenken nicht mehr, der aufgemauerte Herd dagegen noch einigen alten Leuten bekannt. In der Stube ist der in Mitteldeutschland verbreitete Kanonenförmige Hinterlader-Ofen zum Teil noch heute üblich. Der kastenförmige Hinderlader Norddeutschlands wurde im Siegerland als feuergefährlich bereits im 18. Jahrhundert verboten. An ihn findet sich heute keine Erinnerung mehr, abgesehen von Abbildungen umd Museumsstücken. Ob Tackenheizung und Kachelofen jemals im Siegerland vorgekommen sind, kann nicht geklärt werden.

Die Dachkonstruktion ist im Siegerlande einheitlich. Hierbei handelt es sich um ein Sparrendach mit liegendem oder geneigtem Kehlbalkendachstuhl. Die Sparren sind nicht mit den kräftigen Schräghölzern am Dach des Hallenhauses zu vergleichen und entsprechen in ihrer Stärke eher den dünnen Rofen eines Pfettendaches. Die Sparren des Siegerländer Hauses sind als Dachhautträger ohne kräftige Unterstützung durch Dachstühle und Stuhlrähme nicht denkbar. Die im Siegerland übliche Dachkonstruktion ist in Mitteldeutschland weit verbreitet. Sie stellt eine Mischform des süddeutschen Pfettendaches und des norddeutschen Sparrendaches dar. - Das alte Firstsäulendach ist noch bei Nebengebäuden zu finden.

Den beim mitteldeutschen Bauernhaus seit dem ausgehenden 16. Jahrhundert üblichen Stockwerkbau hat das Siegerland nicht übernommen. Bis zur Mitte des 19. Jahrhunderts sind seine Bauernhäuser einstöckig, jedoch bereits zweigeschossig abgezimmert.

Das einheimische, schlichte, fast quadratische Fachwerk wird im beginnenden 18. Jahrhundert durch hessische Formen verdrängt. Kennzeichen hierfür ist die Verstrebung der Bundpfosten, zunächst

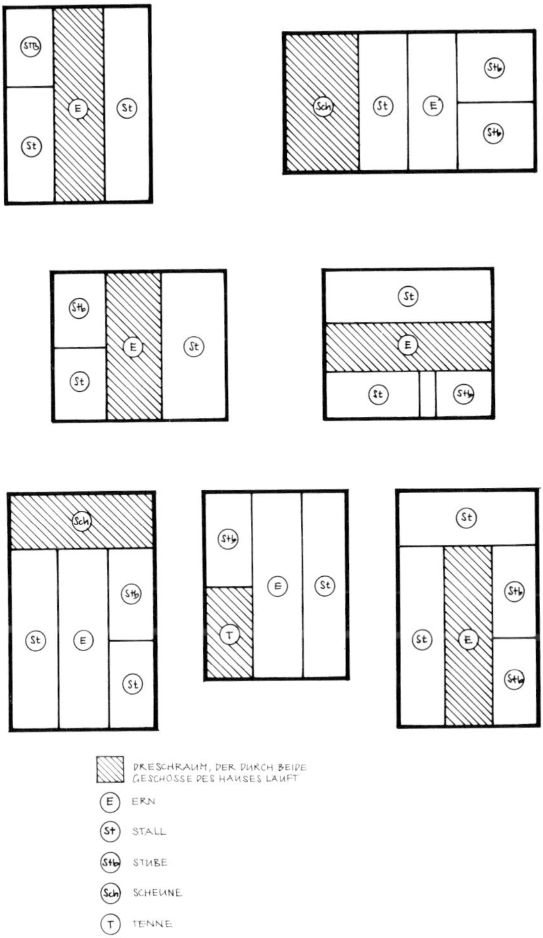

7o Grundrißtypen 1 a und 1 b (oben), 2 a und 2 b (Mitte), 2 c in zwei Vaianten und 2 d (unten), vgl. S. 135

nur durch lange, bereits geschoßweise angeordnete Fußstreben. So entsteht die für Hessen typische Strebenfigur des "Wilden Mannes".

Im ausgehenden 18. Jahrhundert verbieten Bauverordnungen die holzverschwenderischen, kunstvollen Verstrebungen. Diese Verbote aber setzen sich erst im Laufe des 19. Jahrhunderts durch. Von nun an werden die Häuser im Stockwerbau errichtet und erhalten spärliches, rein zweckgebundenes Fachwerk.

Peßlers Südgrenze des Hallenhauses (366) läuft über den Kamm des Rothaargebirges. Er rechnet also das Siegerland nicht mehr zum niederdeutschen Hausgebiet, obwohl niederdeutsche Bauformen noch bis weit ins Siegerland hinein vorkommen, wenn auch das große Einfahrtstor der Deele fehlt.

Eine mathematische Grenzlinie zwischen mittel- und niederdeutscher Bauart läßt sich natürlich nicht feststellen. Es handelt sich vielmehr um ein Linienbündel, das eine Grenzzone bildet.

Der Nordwesten des Landes bleibt bis ins vorige Jahrhundert hinein fast ausschließlich eine niederdeutsche Hauslandschaft. Hier herrscht das längsgeteilte Vierständerhaus mit deelenartigem Ern vor. Im Südzipfel dagegen sind nur noch einige wenige Häuser niederdeutscher Bauform - und zwar nur aus dem 17. Jahrhundert - zu finden. Außerdem hat der Ern von jeher hier nur als Hausflur gedient. Der alte Dreschraum ist die Tenne, die bei keinem Hause fehlt. Der Deelen-Ern ist in dieser Landschaft völlig unbekannt. Im übrigen herrscht hier das Ernhaus vor.

Zwischen diesen beiden so verschiedenen Hauslandschaften im Norden und Süden des Siegerlandes liegt ein Übergangsgebiet, in dem Mischformen verbreitet sind. Häuser mit altem Deelen-Ern und altem Flur-Ern stehen hier nebeneinander, wobei es durchaus vorkommt, daß ein quergeteiltes Einhaus, nach Vorbild des Hallenhauses, einen Deelen-Ern und ein längsgeteiltes Vierständerhaus eine mitteldeutsche Dreschtenne aufweist.

Die ursprünglich im Siegerlande heimische Vielhausanlage mit Wohnhaus und selbständiger Scheune als den wichtigsten Gebäuden wurde seit dem 16. Jahrhundert von dem von Nordwesten vorstoßenden Einheitshaus, einer Abart des Hallenhauses, zurückgedrängt. Das Einheitshaus ist im Laufe des 17. Jahrhunderts vereinzelt bis in den Südzipfel vorgestoßen, in ein Gebiet, in dem sich in

dieser Zeit bereits das quergeteilte Einhaus herausgebildet hatte, durch Angliederung der Scheune an das alte Wohnstallhaus. Darum konnte die niederdeutsche Hausform in dieser Landschaft nicht mehr recht Fuß fassen. Das Haus glich sich den mitteldeutschen Wohnverhältnissen an, indem es den Deelen-Ern aufgab und stattdessen eine Tenne als Dreschraum einrichtete oder gar eine Scheune anbaute.
Seit dem 18. Jahrhundert tritt das Ernhaus seinen Zug nach Norden an. Durch Verschmelzung mit niederdeutschen Bauformen entstehen zunächst zahlreiche Mischtypen, dann aber siegt die rein mitteldeutsche Form und bleibt seit dem beginnenden 19. Jahrhundert die alleinige Hausart im Siegerland, selbst im nördlichen, von alters her niederdeutschen Teil. Darüber hinaus hat sie bereits das angrenzende südliche Sauerland und das Bergische Land erobert.

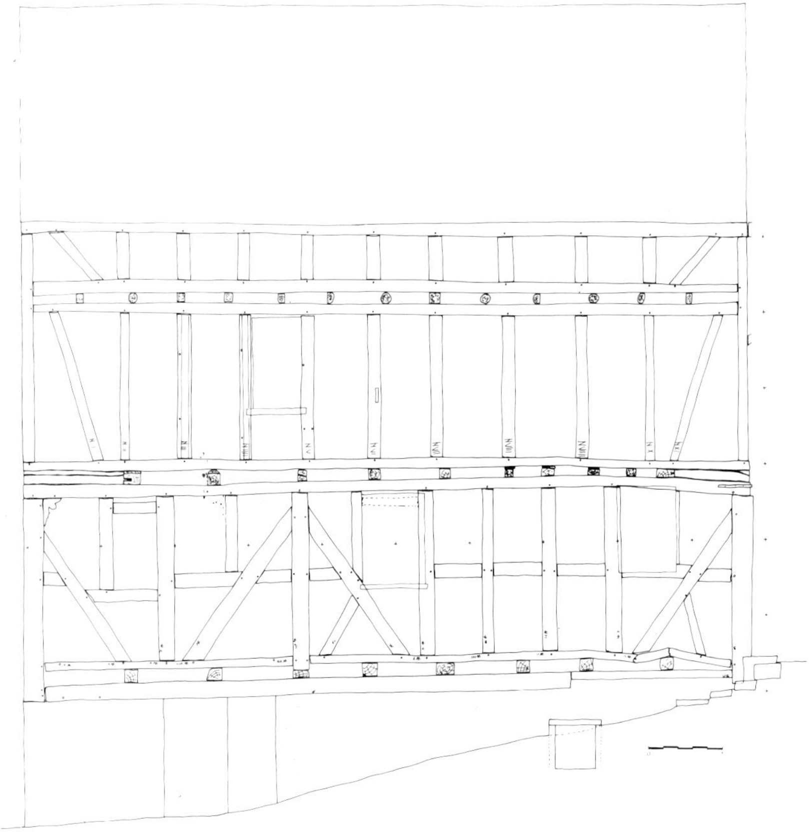

71 Freudenberg, Krottorfer Str. 6, Lohgerberei, Traufe

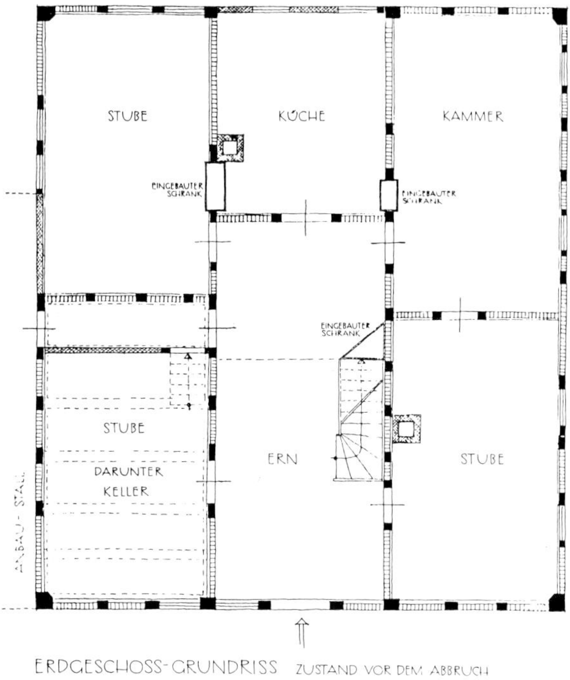

72 Weidenau, Haus Fuchs (Aufmaß: Schepers, Mönnich, Temme 1957)

73 Dreistiefenbach, Haus Heitze, Längsschnitt (Aufmaß: Schepers, Schmitt 1964)

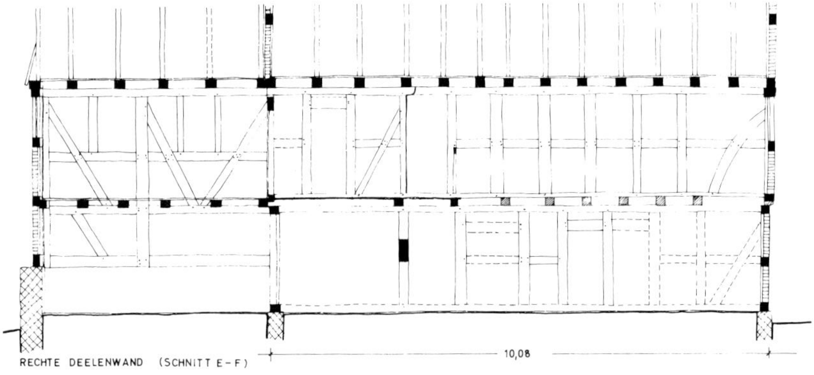

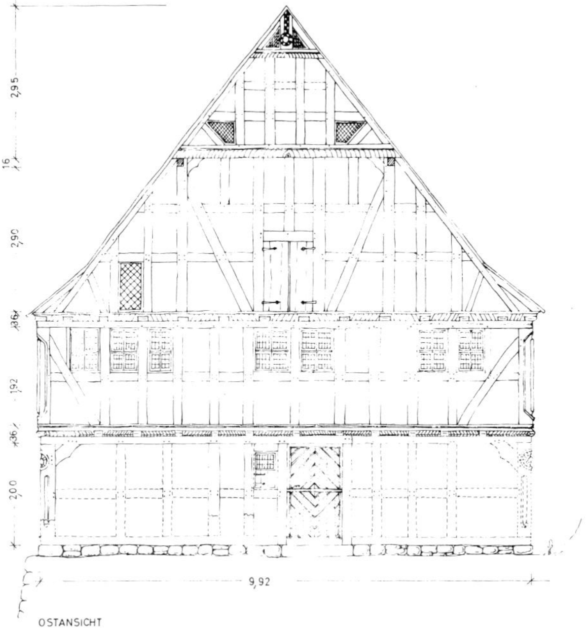

74 Dreistiefenbach, Haus Heitze, Vordergiebel, Ost (1964)

75 Dreistiefenbach, Haus Heitze, Grundriß Erdgeschoß

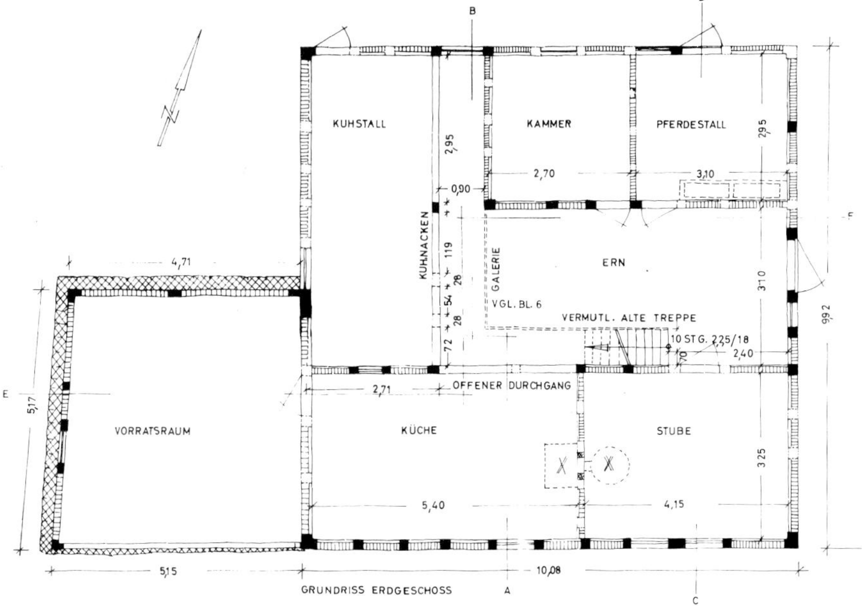

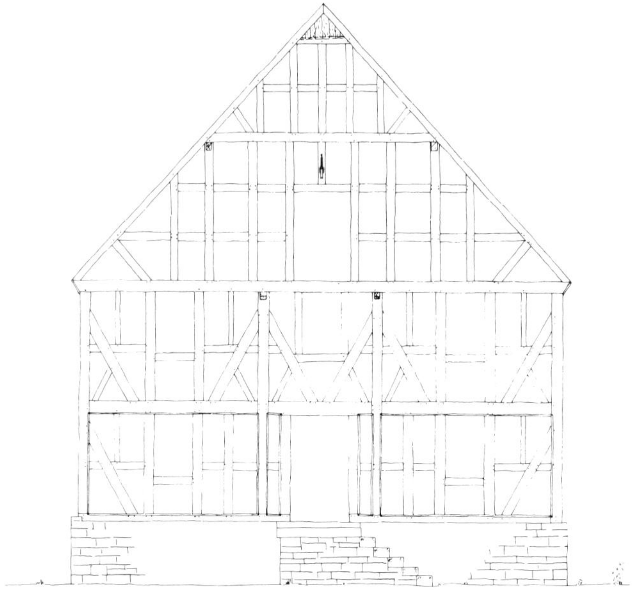

76 Burgholdinghausen, Haus Stöcker, Giebelansicht, Süd (1963)
77 Burgholdinghausen, Haus Stöcker, Grundriß (Aufmaß: Schmitt)

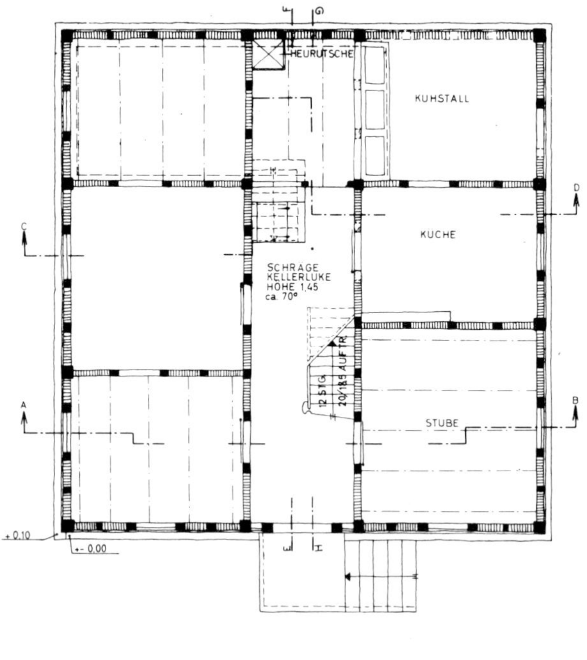

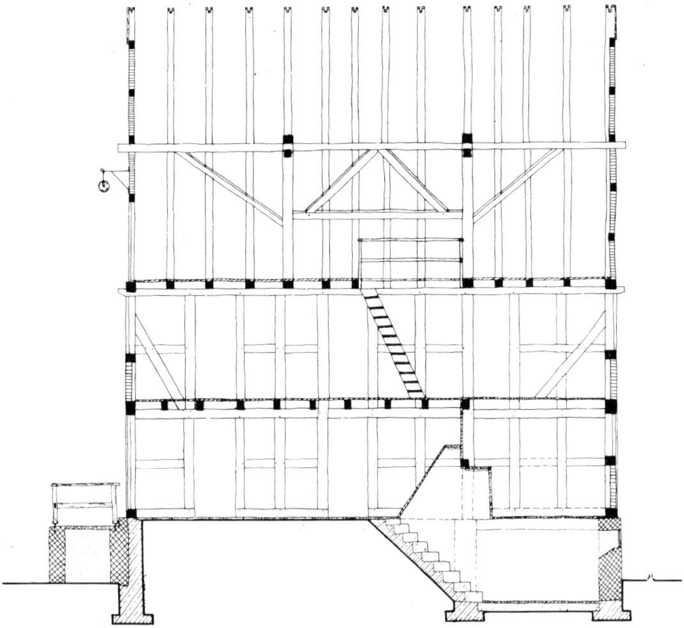

78 Burgholdinghausen, Haus Stöcker, Längsschnitt (1963)

79 Burgholdinghausen, Haus Stöcker, Querschnitt

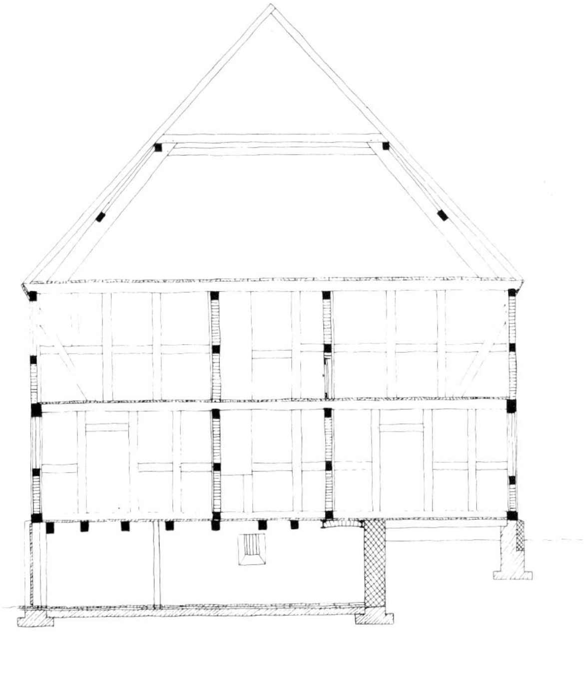

8o Kredenbach, Zur Silbermühle 6-8, Ansicht Vordertraufe (1986)
81 Kredenbach, Zur Silbermühle 6-8, Grundriß Erdgeschoß

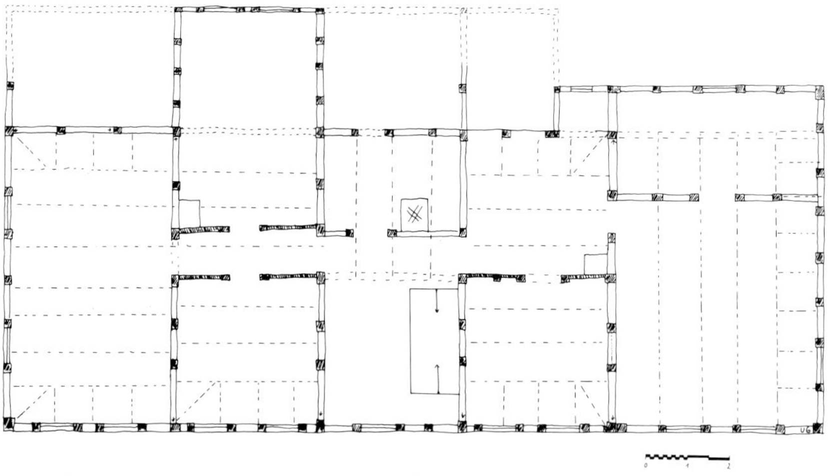

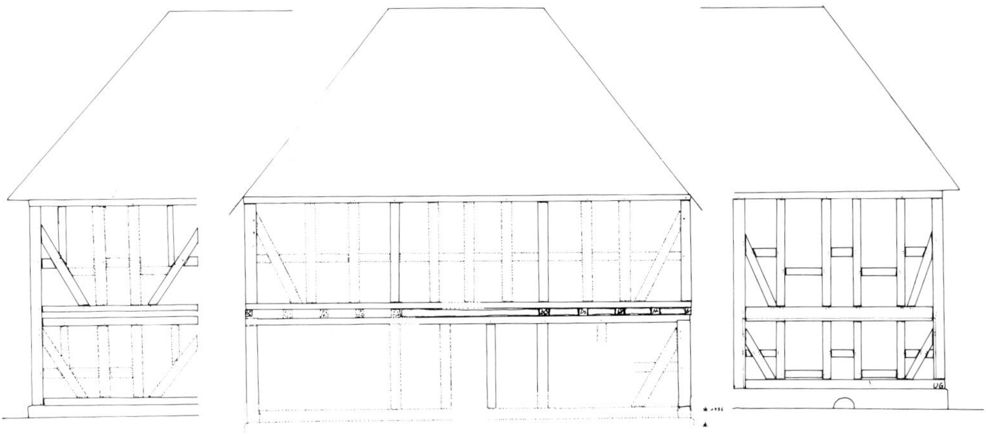

82 Kredenbach, Zur Silbermühle 6-8, Rekonstruktion Ansicht des Kernbaues und der Erweiterungen (Großmann/Hoppe)

83 Kredenbach, Zur Silbermühle 6-8, Rekonstruktion des Grundrisses des Kernbaues

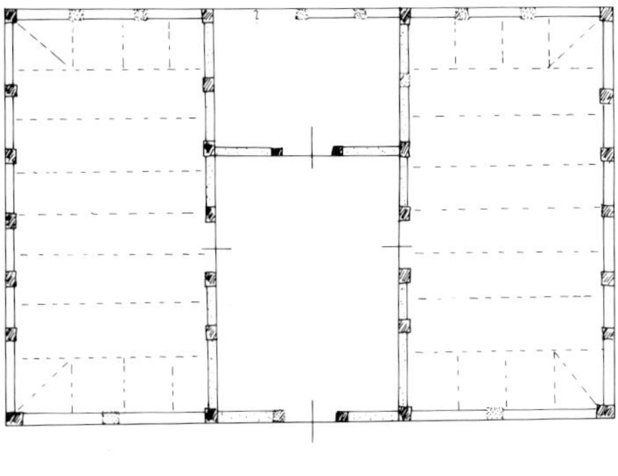

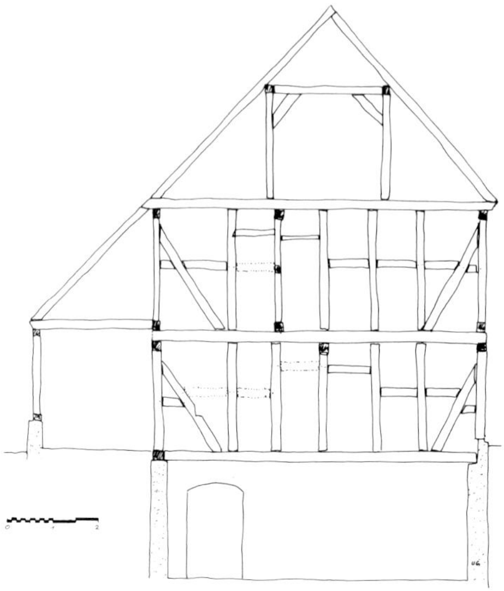

84 Kredenbach, Zur Silbermühle 6-8, Querschnitt, Bestand (1986)
85 Kredenbach, Zur Silbermühle 6-8, Schmalseite, Bestand (1986)

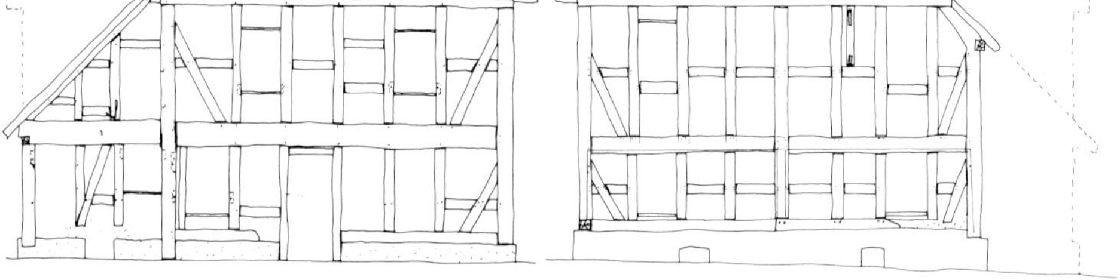

A c h e n b a c h, H.v., Aus des Siegerlandes Vergangenheit, Beilage zur Siegener Zeitung, 1895, 2. Bde.
Die Bau- und Kunstdenkmäler von Westfalen, Kreis Siegen, bearb. von A. L u d o r f f, Münster 1903.
B e h l e n, H., Das nassauische Bauernhaus, Annalen d. Ver. für nassauische Altertumskunde und Geschichtsforschung, 35, 1905, S. 237-263.
B e n d e r m a c h e r, J., Das Dach ohne Stuhl, Bericht über die Hausforschertagung in Monschau, 1953.
B e r t h o l d, L., Hessen nassauisches Volkswörterbuch, Bd.II, Marburg 1943.
B i c k e l l, L., Hessische Holzbauten, Marburg 1906.
B i e r a u, E. E., Das Bauernhaus des Hunsrücks und des Hochwaldes. Bauernhausformen zwischen Mosel, Nahe und Rhein, Berncastel,Cues, 1933.
B ö t t g e r, H., Ein Müsener Haushalt vor 200 Jahren. Von Kindelsberg und Martinshardt, zur 300-Jahrfeier der ev. Gemeinde Müsen, 1927, S. 384-394.
B ö t t g e r, H., Auf den Hütten. Orts- und Industriegeschichte der Gemeinde Weidenau/Sieg, Siegen, 1949.
B ö t t g e r, H., Siedlungsgeschichte des Siegerlandes, Siegen 1951 = Siegerländer Beiträge zur Geschichte und Landeskunde, Heft 4.
C r e c e l i u s, H., Oberhessisches Wörterbuch, Darmstadt 1897.
Dillenburgische Intelligenznachrichten, 1773 ff.
D ü t s c h k e, G., Südwestfälischer Hausbau, Schwelm 1904, = Beiträge zur Heimatkunde des Kreises Schwelm Heft 5.
D ü t s c h k e, G., Der Haferkasten, Zeitschr. d. Ver. f. rhein. u. Westf. Volkskunde, 2, 1905, 168-171.
E h e m a n n, K., Das Bauernhaus in der Wetterau und im Südwest-Vogelsberg, Remagen 1953 = Forschungen zur deutschen Landeskunde, Bd. 61.
Feuerpolizei-Ordnung für den Kreis Siegen, 1843.
F i s c h e r, H., Schwäbisches Wörterbuch, Tübingen 1914.
F r i n g s, Th., Aus der Wortgeographie der Rhein- und Niederlande. Beiträge zur germanischen Sprachwissenschaft. Festschrift für Otto Behaghel, Heidelberg 1924, 194-232.
F r i n g s , Th., Estrich und Oler = "Speicher", Beiträge zur Geschichte der deutschen Sprache und Literatur, 52, 1928, 423-438.
F r i n g s, Th., Germania Romana, Halle 1932 = Mitteldeutsche Studien, Heft 2.
G i e r l i c h s, H., Das alte Eifeler Bauernhaus, Zeitschr. d. Ver. f. rhein. und Westf. Volkskunde I, 1904, 145-150.
G r u b e r, O., Deutsche Bauern- und Ackerbürgerhäuser, Karlsruhe 1926.
G r i m m, J.u.W., Deutsches Wörterbuch, Leipzig 1854 ff.
H a n f t m a n n, B., Hessische Holzbauten, Marburg 1907.
H e l m, R., Das Bauernhaus in Franken, Erlangen 1937.
H e i n z e r l i n g, J., Aus der Geschichte des Kreises Siegen. Siegerländer Heimatbuch, hgg. von G. Mollat, Siegen 1914, 81-90.
H e i n z e r l i n g, J. und R e u t e r, H., Siegerländer Wörterbuch, Siegen 1932-1938.
H e n k e l m a n n, K., Das Odenwälder Bauernhaus, Beilage zum Jahresbericht des Großherzoglichen Gymnasiums zu Bensheim, Ostern 1906.
H e n n i n g, R., Das deutsche Haus in seiner historischen Entwicklung, Straßburg 1882.
H e y n, E., Der Westerwald und seine Bewohner von den ältesten

Zeiten bis heute, Marienberg 1899.
H e y n e, M., Fünf Bücher deutscher Hausaltertümer von den ältesten geschichtlichen Zeiten bis zum 16. Jahrhundert. Bd. 1 Wohnwesen, Leipzig 1899.
H o f m a n n, F., Niederhessisches Wörterbuch, Zusammengestellt auf Grund der Mundart von Oberellenbach, Kreis Rotenburg/Fulda, Marburg 1926 = Deutsche Dialektgeographie, Heft XIX.
H o l s c h b a c h, H., Volkskunde des Kreises Altenkirchen, Elberfeld 1929 = Beiträge z. rhein. westf. Volkskunde in Einzeldarstellungen, hgg. von J. Müller und K. Schulte-Kemminghausen, Heft 5.
H o l s c h b a c h, H., Das Westerwälder Bauernhaus und Bauerngehöft, Rhein. Heimatpflege 7, 1953, 183-191.
Johann Heinrich J u n g's (genannt Stilling) Lebensgeschichte, hgg. von Max Mendheim, Leipzig (1908).
K r a u s, Th., Das Siegerland, ein Industriegebiet im rheinischen Schiefergebirge, Stuttgart 1931 = Forschungen zur deutschen Landes- und Volkskunde, Bd. 38.
K e h r e i n, J., Volkssprache und -Sitte im Herzogtum Nassau, Weilburg 1860.
L e h r k e, H., Das niedersächsische Bauernhaus in Waldeck, Marburg 1940 = Buchreihe der Hessischen Blätter für Volkskunde, Bd. 2.
L ö b e r, K., Siegerländer Häuser hüben und drüben, Siegener Zeitung vom 17.12.1949.
M e i t z e n, A., Das deutsche Haus in seinen volkstümlichen Formen, Berlin 1882.
M ü l l e r, J., Rheinisches Wörterbuch
M ü l l e r, L., Das Bauernhaus im Kreise Hofgeismar = Schriften der volkskundlichen Kommission im Provinzialinstitut für westfälische Landes- und Volkskunde, Heft 4, hgg. von J. Trier und K. Schulte-Kemminghausen, Münster 1940.
O s t e n d o r f, F., Die Geschichte des Dachwerks, Leipzig und Berlin 1908.
P e t r i, F., Lukas, O., Schöller, P., Das Siegerland. Geschichte, Struktur und Funktionen. Münster 1955.
P e ß l e r, W., Das altsächsische Bauernhaus in seiner geographischen Verbreitung, Braunschweig 1906.
P e ß l e r, W., Die Abarten des altsächsischen Bauernhauses, Archiv für Anthropologie, N.F. 8, 1909, 157 ff.
P h i l i p p i, F., Siegerländer Urkundenbuch, Bd. I, Siegen 1887, Bd. II, Siegen 1927.
P h l e p s, H., Ost- und westgermanische Baukultur unter besonderer Würdigung der ländlichen Baukunst Siebenbürgens, Berlin 1934.
R e e s, W., Gehöft und Bauernhaus im Bergischen Lande, Rhein. Heimatpflege 7, 1935, 166-183.
R i n g, W., Alchen. Die Geschichte eines Siegerländer Dorfes, Siegen 1954 = Siegerländer Beiträge zur Geschichte und Landeskunde, Heft 6.
R ö r i g, M., Haus und Wohnen in einem sauerländischen Dorfe = Schriften der volkskundlichen Kommission im Provinzialinstitut für westfälische Landes- und Volkskunde, Heft 5, hgg. von J. Trier und K. Schulte-Kemminghausen, Münster 1940.
R u m p f, K., Hessen, Deutsche Volkskunst, N.F., Marburg 1952.
S c h e n c k, K.F., Statistik des vormaligen Fürstentums Siegen, Siegen 1820 (Statistik)
S c h e p e r s, J., Das Bauernhaus in Nordwestdeutschland = Schriften der Volkskundlichen Kommission im Provinzialinstitut für westfälische Landes- und Volkskunde, Heft 7, hgg. von J. Trier und K. Schulte-Kemminghausen, Münster (1943).

S c h e p k e, H., Flurform, Siedlungsform und Hausform im Siegertalgebiet in ihren Wandlungen seit dem 18. Jahrhundert, Bonn 1934 = Beiträge zur Landeskunde der Rheinlande, hgg. von L. Waibel, 2. Reihe, Heft 3.
S c h e p p i g, J., Alte Fachwerkkunst in Siegen, Siegerland, Blätter des Vereins für Heimatkunde und Heimatschutz im Siegerlande und Nachbargebieten, 21, 1939, 39-65.
S c h i e r, Br., Haus und Hausrat. Heimatkunde des Bezirkes Friedland in Böhmen, hgg. von E. Gierach und J. Schubert, Teil II: Die Friedländer Volkskunde, Friedland 1927, 231-392.
S c h i e r, Br., Das deutsche Haus = Die deutsche Volkskunde, hgg. von A. Spamer, Bd. 1, Berlin und Leipzig 1934, 477-534, Bd. 2, Berlin und Leipzig 1935, 382-426.
S c h i e r, Br., Hauslandschaften und Kulturbewegungen im östlichen Mitteleuropa, Reichenberg 1932 (Hauslandschaften).
S c h m o e c k e l, H., Das Siegerländer Bauernhaus nach seinem Wortschatze dargestellt, Bonn 1912 (das Siegerländer Bauernhaus).
S c h l e e, E., Die Herdstelle im niederdeutschen Hallenhaus, Z.f.Vk. 51, 1954, 77-87.
S p a m e r, A., Hessische Volkskunst, Jena 1939.
Statistische Nachrichten über den Kreis Siegen aus den Jahren 1860-1865, hgg. von Freiherr von D ö r n b e r g, Siegen 1865.
S t e i n b a c h, Fr., Studien zur westdeutschen Stammes- und Volksgeschichte, Jena 1926.
S t e p h a n i, K., Der älteste deutsche Wohnbau und seine Einrichtung, 2. Bde., Leipzig 1902-1903.
S c h m e l l e r, J. H., Bayrisches Wörterbuch, München 1872.
T r i e r, J., Das Gefüge des bäuerlichen Hauses im deutschen Nordwesten, Westfälische Forschungen 1, 1938, 36-50.
T r i e r, J., Holz, Etymologien aus dem Niederwald = Münstersche Forschungen, hgg. von J. Trier und H. Grundmann, Heft 6, Münster und Köln 1952.
T r ü b n e r s Deutsches Wörterbuch, hgg. von Alfred Götze (1939 ff).
U e b e, R., Westfalen = Deutsche Volkskunst, Bd. IX, München 1954.
V i l m a r, Idiotikeon von Kurhessen, Marburg 1868.
W a l b e, H., Das hessisch-fränkische Fachwerk, Gießen 1954.
W i n t e r, H., Die ältesten Hausgerüste Südhessens. Hessische Heimat 2, 1953, 9-11.
W o l f, K., Zur Geschichte des Siegerländer Fachwerkbaues. Siegerland, Blätter des Vereins für Heimatkunde und Heimatschutz im Siegerlande und Nachbargebieten, 25, 1943, 4-12.
Weisthum der Gesetze, Ordnungen und Vorschriften, welche in die Nassauische Teutsche Länder Ottoischer Linie von den ältesten Zeiten bis hierhin ergangen sind, Bd. 1 Hadamar 1802, Bd. 2, Hadamar 1803.
W u r m b a c h, A., Die Siegerländer Bauernstube, Monatsblätter des Siegerländer Heimatvereins, Jg. 1, 1952, Heft 5.
W u r m b a c h, A., Siegerländer Backhäuser, Westfälischer Heimatkalender 1955, S. 141-143.

Archivalische Quellen:
Akten aus dem Staatsarchiv Münster
Fürstentum Siegen, Nr. 17 und 24; Burbach A.
Akten aus dem Staatsarchiv Wiesbaden
Altes Dillenburger Archiv
Akten aus dem Pfarrarchiv Krombach (Kr. Siegen)

Abbildungsnachweis
Richter, Helmut, aus: "Das Siegerländer Haus", Siegerland, 29,

1952, 81-96: 1, 29, 3o; ferner 18 und Abb. S. 6
Schepers, Josef, aus: Haus und Hof westfälischer Bauern: 7,29,3o
Siegerland-Museum, Schloß, Siegen: 27
Teepe-Wurmbach, Annemarie: 3-5, 11, 12, 26, 33, 34, 38, 39, 44-46, 54, 59-67
Weserrenaissancemuseum Schloß Brake (Friedrich), nach A. Teepe-Wurmbach: 2, 6, 13, 14, 15, 2o, 21, 22. Die Vorlage zu Abb. 6 befindet sich im Archiv der evangelischen Kirchengemeinde Krombach (Kr. Siegen), die Vorlage zu Abb. 2o im Staatsarchiv Münster (Fürstentum Siegen, Akten Nr. 4a, 18b.).
Westfälisches Freilichtmuseum Detmold: 72-78
Übrige Fotos und Aufmaße vom Bearbeiter

Anmerkungen

1. Schmoeckel, H., Das Siegerländer Bauernhaus nach seinem Wortschatze dargestellt, Bonn 1912, S. 26.
2. ebda, S. 26
3. ebda, S. 26
4. Schepke, H., Flurform, Siedlungsform und Hausform im Siegtalgebiet in ihren Wandlungen seit dem 18. Jahrhundert, Bonn, 193 4
5. Schmoeckel, a.a.O., S. 26
6. ebda, S. 20
7. Schepke, a.a.O., S. 123 f
8. ebda, S. 123
9. Böttger, H., Siedlungsgeschichte des Siegerlandes, Siegen, 1951, S. 48 ff
10. ebda, S. 50
11. ebda, S. 50 ff
12. ebda, S. 54
13. Heinzerling, J., Aus der Geschichte des Kreises Siegen, Mollat, Siegerländer Heimatbuch, Siegen 1914, 81-90, S. 83
14. Peßler, W., Das altsächsische Bauernhaus in seiner geographischen Verbreitung, Braunschweig, 1906, S. 153 und Karte
15. ebda, S. 156 ff
16. ebda, S. 156
17. Schmoeckel, a.a.O., S. 20 ff
18. Steinbach, Fr., Studien zur westdeutschen Stammes- und Volksgeschichte, Jena 1926, S. 77
19. Rees, W., Gehöft und Bauernhaus im Bergischen Land, Rheinische Heimatpflege, 7, 1935, S. 171
20. Schepke, a.a.O., S. 120 ff
21. Schepers, J., Das Bauernhaus in Nordwestdeutschland, Münster (1943), S. 162
22. Schmoeckel, a.a.O., S. 22 f
23. ebda, S. 22
24. Schier, B., Hauslandschaften und Kulturbewegungen im östlichen Mitteleuropa, Reichenberg 1932, S. 3
25. Akten im Staatsarchiv Münster, Fürstentum Siegen, 24, Nr. 262
26. Vgl. folgende Akten im Staatsarchiv Münster:
    Fürstentum Siegen, 17
    Nr. 4a Schatzung des Amtes Hilchenbach, vol I, 1566 Fürstentum Siegen, 24
    Nr. 37 Schatzung im Amt Krombach und Ferndorf, 1566
    Nr. 85 Schatzungsregister des Amtes Freudenberg, 1566
    Nr. 123 Schatzung des Haingerichtes, 1566
    Nr. 200 Schatzung im Amte Netphen, 1566
27. "Beue" ist Plural- und "Beuchen" Diminutiv-Form von Bau (zu bauen, Gebäude gehörig). Heute ist das Wort nur noch in Komposita erhalten, in "Kellerbeuchen" und "Holzbeuchen". Ein

"Kellerbeuchen" ist auf Abb. 1 wiedergegeben. Das "Holzbeuchen" beschreibt Schmoeckes, a.a.O., S. 84 f.
28. Fürstentum Siegen, 24, Nr. 200
29. 1 fl (Floren = Gulden) hat 24 Albus, 1 Albus hat 8 Batzen, 1 Batzen hat 12 Pfennig
30. Der Sinn des Wortes "Pfandschaft" ist hier nicht ganz klar. Wahrscheinlich bedeutet es so viel wie Hypothek.
31. Fürstentum Siegen, 24, Nr. 200
32. Fürstentum Siegen, 24, Nr. 85
33. Vgl. Schmoeckel, Das Siegerländer Bauernhaus, S. 83
34. Dörnberg, Freiherr von, Statistische Nachrichten über den Kreis Siegen, aus den Jahren 1860- 1865, Siegen 1865, S. 27
35. Fürstentum Siegen, 24, Nr. 200
36. Böttger, H., Siedlungsgeschichte des Siegerlandes, S. 6
37. Fürstentum Siegen, 24, Nr. 200
38. ebda
39. Vgl. Ehemann, K., Das Bauernhaus in der Wetterau und im Südwest-Vogelsberg, Remagen 1953, S. 43 ff
40. Lehrke, H., Das niedersächsische Bauernhaus in Waldeck, Marburg, 1940, S.16
41. ebda. S. 16
42. Gewerken sind Teilhaber einer Eisenschmelzhütte. Diese Hütte steht ihnen einige Tage oder Wochen im Jahr zum Verarbeiten des Eisensteins zur Verfügung. "Jeder (Gewerke) verlegt oder versorgt sich für seine Tage mit den nötigen Materialien aus Eisen und Stein und hat deswegen seine besonderen Kohlen und Steinschuppen" (Becher, J.Ph., Miniralogische Beschreibung der Oranien-Nassauischen Lande, Marburg, 1789, S. 588)
43. Akten aus dem Staatsarchiv Wiesbaden, Altes Dillenburger Archiv, J. 760
44. ebda
45. ebda
46. Vgl. Wurmbach, A., Siegerländer Backhäuser. Westfälischer Heimatkalender, 1955, S. 141
47. Weistum der Gesetze, Ordnungen und Vorschriften, welche in die Nassauische Teusche Länder Ottoischer Linie von ältesten Zeiten bis hierhin ergangen sind. Bd. 1, Hadamar, S. 71 und Dillenburgisches Intelligenzblatt, 1775, S. 177 ff
48. Weistum der Gesetze, Ordnungen..., Bd. 1, S. 84
49. Vgl. Grimm, DWB, s.v. Kammer
50. Vgl. Ehemann, a.a.O., S. 42 ff
51. Akten aus dem Staatsarchiv Münster, Fürstentum Siegen, 24, Nr. 200
52. Gemeint sind Holzkohlen, die zum Eisenschmelzen verwandt werden, vgl. auch Anmerkung 17
53. Fürstentum Siegen, 24, Nr. 37
54. Fürstentum Siegen, 24, Nr. 200
55. ebda
56. Fürstentum Siegen, 24, Nr. 37
57. Fürstentum Siegen, 24, Nr. 200
58. Nach freundlicher Mitteilung von Herrn Dr. Josef Schepers, Münster.
59. Vgl. Anmerkung 3
60. ebda
61. Über die Verbreitung des Wortes Beuchen im 16. Jahrhundert vgl. Karte I
62. Text-Seite 6 ff
63. Vgl. Karte I
64. Fürstentum Siegen, 24, Nr. 200
65. ebda
66. Fürstentum Siegen, 24. Nr. 37

67. Auf dieser Karte ist der Südzipfel des Siegerlandes, der sog. Freie Grund, nicht berücksichtigt, da aus den von dieser Landschaft vorhandenen Schatzungsverzeichnissen nichts über die Beschaffenheit der Hofanlagen zu entnehmen ist. Die einzelnen zum Hofe gehörenden Gebäude werden nicht auftgezählt. Sie werden unter der Bezeichnung "Haus und Hof" zusammengefaßt. Hierbei kann es sich keinesfalls um ein Einhaus handeln. Es ist nämlich völlig ausgeschlossen, daß der südlichste Teil des Siegerlandes bereits im 16. Jahrhundert frei von Scheunen und sonstigen Nebengebäuden ist, während diese Bauten in den nördlicheren Landschaften um diese Zeit noch durchaus bekannt sind.
68. Ehemann, a.a.O., S. 50 f
69. Vgl. Seite 11
70. Lehrke, a.a.O., S. 35
71. Bierau, E.E., Das Bauernhaus des Hunsrücks und des Hochwaldes. Bauernhausformen zwischen Mosel, Nahe und Rhein, Berncastel-Cues, S. 8 f und S. 44
72. Heyn, E., Der Westerwald und seine Bewohner von den ältesten Zeiten bis heute, Marienberg 1893, S. 214
73. Akten aus dem Staatsarchiv Münster, Fürstentum Siegen, 17, Nr. 4 a Schatzprotokoll von Nethphen, 1693, Nr. 5 a Schatzung des Amtes Hilchenbach, vol. III, 1643 ff, Siegen 24, Nr. 72, Lagerbuch des Amtes Ferndorf, 1648, Nr. 96, Schatzungsregister zu Freudenberg, 1689
74. Staatsarchiv Münster, Fürstentum Siegen, 24, Nr. 114 a
75. Zaute = Ausgußröhre einer Kanne. Das Wort kommt heute in der Siegerländer Mundart als "Zudde" vor.
76. Das Wort "Ern" ist heute die im Siegerland allgemein übliche Bezeichnung für den Hausflur. Er war ursprünglich der Herdraum des Hauses, als sich die Küche noch nicht von ihm abgetrennt hatte. "Ern" im Sinne von Feuerraum" ist im westelbischen Mitteldeutschland, im westlichen Oberdeutschland und in den angrenzenden Gebieten der Schweiz verbreitet (Schepers, S. 36). Die alten Bedeutungen des Wortes sind "Fußboden", "pavimentum" einerseits, die im Alt- und Mittelhochdeutschen belegt sind, und "Feuerstelle" andererseits, wie verwandte Wörter in den nordischen Sprachen beweisen. Die Stelle des Fußbodens, auf der ursprünglich das offene Feuer brannte, mußte mit besonderer Sorgfalt gefestigt sein. Auf diese Weise sind die beiden verschiedenen Bedeutungen "pavimentum" und "Feuerstelle" zu erklären (Weiteres über Verbreitung und Etymologie des Wortes vgl. Bei Schepers, a.a.C., S. 36, Schmoeckel, Das Siegerländer Bauernhaus, S. 100 f, Frings, Th., Germania Romana, Halle 1932, S. 134, und ders. Aus der Wortgeographie der Rhein- und Niederlande = Festschrift Behaghel, Heidelberg 1924, S. 210 f.
77. Wahrscheinlich ein Kessel, der für die Feuerstelle auf dem Ern bestimmt ist?
78. Harl entspricht dem in der heutigen siegerländer Mundart üblichen Hoal oder Heel (Vgl. Schmoeckel, a.a.O., S. 63), dem Kesselhaken über dem offenen Herdfeuer
79. Unter Scheuren-Wanne ist wahrscheinlich eine flache Wanne zu verstehen, die zum Scheiden der Getreidekörner von der Spreu verwandt wird.
80. Ein kleiner Korb, in dem die Tassen aufbewahrt werden, das sogenannte "Schälchessäjjelche" ist heute noch üblich.
81. Ollern = Raum unter dem Dache. Das Ollern-Seil ist wahrscheinlich das Seil, mit dem das Erntegut auf den Dachraum gezogen wird.
82. Kirnen ist die heimische Bezeichnung für "buttern", Kirn ist

das Butterfaß, Kirnstuhl entspricht wohl dem mundartlichen Kirnbock "Gestell für das Butterfaß" (Vgl. Heinzerling-Reuter, Siegerländer Wörterbuch, Siegen, 1932-38, S. 142 f)

83. Um welchen Käse es sich hierbei handelt ist fraglich. Radkäse scheint im Siegerland unbekannt zu sein, zumal das Siegerländer Wörterbuch (a.a.O., S. 141) nur Weichkäse-Sorten erwähnt und zwar unterscheidet es folgende Sorten von Käse: "Schmearkääs" = Schmierkäse, d.i. Quark mit Milch, Salz und Kümmel gemischt, Gnebbkääs, d.i. Handkäse von der gleichen Masse wie der Schmierkäse, jedoch ohne Zusatz von Milch (zu Gnebb = Knoten?), Aarijer Kääs (aarich = böse), d.i. zum Gären gebrachter Gnebbkäse, der nach rund 8 Tagen als Schmierkäse verwandt wird, Kochkääs, d.i. in Stücke geschnittener und in Milch gekochter Gnebbkäse, und Kälfches Kääs, d.i. geronnene "Beestmelch" (erste Milch der Kuh nach dem Kalben) mit Salz, Zucker und Zimmet gemischt, die in einem heißen Wasserbad so lange stehen bleibt, bis die Masse geronnen ist.

84. Vgl. S. 24 f

85. Wohl Flachsbrechen

86. Siegerländer Wörterbuch, S. 149

87. Frings, Th., Estrich und Oler = Speicher, PBB 52, 1928, S.423

88. Vilmar, Idiotikon von Kurhessen, Marburg 1868, S. 238
Crecelius, H., Oberhessisches Wörterbuch, Darmstadt 1897, S. 538 f
Berthold, L., Hessen nassauisches Volkswörterbuch, Bd.II, 1943, S. 49 f und Karte 8

89. Fischer, H., Schwäbisches Wörterbuch, Bd. IV, Tübingen 1914, Sp. 1022

90. Bierau, E.E., Das Bauernhaus des Hunsrücks und des Hochwaldes, S. 42

91. Vilmar, a.a.O., 238
Crecelius, a.a.O., S. 538 f
Fischer, a.a.O., Sp. 1022
Schier, Br., Heimatkunde des Bezirkes Friedland in Böhmen, Friedland 1927, S. 307 f

92. Siegerländer Wörterbuch, S. 75

93. Vgl. Schier, Brl, Hauslandschaften und Kulturbewegungen im östlichen Mitteleuropa, Reichenberg 1932, S. 323 f

94. Akten im Staatsarchiv Münster, Fürstentum Siegen, 24, Nr. 288

95. Der erste Vokal des Wortes ist undeutlich geschrieben

96. Akten im Staatsarchiv Wiesbaden, Altes Dillenburger Archiv, J, 243

97. Vgl. S. 55

98. Zit. nach Achenbach, Aus des Siegerlandes Vergangenheit, Bd. I, Siegen 1895, S. 493

99. Das irrig Schaf, Straßburg 1514, zit. nach DWB, 5, Sp. 1553, s.v. Koch

100. Das irrig Schaf, 1505, Druck von M. Schürer, Straßburg, zit. nach Trübner, Deutsches Wörterbuch, 4, S. 71

Zu Kapitel II, 1 / Bauform

101. Vgl. Schmoeckel, Das Siegerländer Bauernhaus, S. 26

102. Näheres über den Vierständerbau s. bei Schäpers, Das Bauernhaus in Nordwestdeutschland, S. 11

103. Vgl. Anm. 76

104. Näheres über Ständerwandbau s. bei Schäpers, a.a.O., S. 120

105. Schepke, Flurform, Sieglungsform und Hausform im Siegtalgebiet, S. 120

106. ebda, S. 121, Abb. 42

107. Vgl. Schmoeckel, a.a.O., S. 58 f

108. Vgl. ebda, S. 52

109. Vgl. L. Müller, Das Bauernhaus im Kreise Hofgeismar,

Münster, 1940, S. 11: "Einigen städtischen Häusern (im Kreise Hofgeismar) fehlt das große Einfahrtstor. Sie haben eine kleine Tür, die nicht über das erste Geschoß hinaus geht".
110. Rees, Gehöft und Bauernhaus im Bergischen Lande, S. 173
111. Näheres über die Hausform dieser Gebiete s. bei L. Müller, a.a.O., und H. Lehrke, Das niedersächsische Bauernhaus in Waldeck
112. Vgl. z.B. M. Rörig, Haus und Wohnen in einem sauerländischen Dorfe, Münster 1940, Abb. 28. Die hier abgebildete Diele gleicht dem Mittellängs-Ern eines Siegerländer Hauses.
113. Schepers, a.a.O., S. 32
114. Vgl. Siegerländer Wörterbuch, S. 196
115. Zum Vergleich seien die Maße zweier Siegerländer Häuser und zweier Häuser aus dem Kreise Hofgeismar (nach L. Müller, a.a.O.) angegeben.

Kreis Siegen		Kreis Hofgeismar	
Grissenbach, Haus Müller		Stammen Nr. 40/41	
Breite d. Ern 3,80		Deelenbreite	5,00
Breite d. Sei-	2,60	Breite d. Sei-	2,40
tenteile	3,50	tenteile	3,50
Gesamtfläche	13,32x10,25	Gesamtfläche	11,55x12,17
Netphen, Haus Wickel		Deisel-Zwischenhsn. Nr. 164	
Breite d. Ern	4,00	Deelenbreite	4,70
Breite d. Sei-	3,20	Breite d. Sei-	3,20
tenteile	2,50	tenteile	5,00
Gesamtfläche	10,10x12,25	Gesamtfläche	11,60x13,00

116. Vgl. L. Müller, a.a.O., S. 39
117. Lehrke, a.a.O., S. 17
118. Schepers, a.a.O., S. 32
119. Henning, R., das deutsche Haus in seiner historischen Entwicklung, Straßburg 1882, S. 34
120. Vgl. Schepers, a.a.O., S. 32, Rörig, a.a.O., S. 35, L. Müller, a.a.O., S. 39
121. Über Eß-und Waschecke s. bei Schepers, a.a.O., S. 31
122. Auch Schmoeckel, a.a.O. (S. 21 und 74) vermutet, daß sich die Wohnräume aus den Fletarmen herausgebildet haben.
123. Das Original befindet sich im Pfarrarchiv Krombach
124. Vgl. S. 29
125. Die Unterscheidung zwischen Einhaus und Einheitshaus vgl. bei Erdmann, Das Bauernhaus in der Wetterau und im SW-Vogelsberg, S. 62
126. Vgl. Karte VI
127. Staatsarchiv Münster, Burbach, Akten A 120
128. Veröffentlicht im Dillenburgischen Intelligenzblatt vom 29.1.1774
129. Burbach, Akten A 120
130. Behlen, H., Das nassauische Bauernhaus, Annalen d. Vereins. f. nassauische Altertumskunde und Geschichtsforschung, 35, Wiesbaden, 1905, S. 252
131. Bierau, Das Bauernhaus des Hunsrücks und des Hochwaldes, S. 54
132. Schepers, a.a.O., S. 34
133. Schmoeckel, a.a.O, S. 74
134. ebda, Abb. 11
135. Vgl. Ehemann, a.a.O., S. 65
136. Vgl. Behlen, a.a.O., S. 252, Ehemann, a.a.O., S. 77
137. Ehemann, a.a.O., S. 76
138. Walbe, H., Das hessisch-fränkische Fachwerk, Giessen 1954, S. 285

139. Behlen, a.a.O., S. 241
140. ebda, S. 259
141. Vgl. L. Müller, a.a.O., S. 11
142. Vgl. Walbe, a.a.O., S. 3
143. Lehrke, a.a.O., S. 26
144. In diesem Falle ist die Scheune an ein ursprüngliches Einhaus gebaut worden. Sie ist ein Fremdkörper, der das Wesen des Hauses vollig verändert. Im Gegensatz dazu haben im Freien Grunde die Scheunen, die im Laufe des 18. Jahrhunderts dem Wohnhause angegliedert worden sind (vgl. S. 35 f), von jeher als selbständige Gebäude zu der dort üblichen Hausanlage gehört.
145. Lehrke, a.a.O., S. 28
146. L. Müller, a.a.O., S. 12 ff kennt sie für den Kreis Hofgeismar und Lehrke, a.a.O., S. 28 für Waldeck
147. Schepers. a.a.O., S. 33
148. Vgl. Röhrig, a.a.O., Abb. 28
149. Vgl. L. Müller, a.a.O., S. 23 und Lehrke, a.a.O., S. 28 ff
150. Staatsarchiv Münster, Fürstentum Siegen, 4 a, Nr. 18 b
151. Bendermacher, J., Das Dach ohne Stuhl, Bericht über die Hausforschertagung in Monschau, 1953
152. Schenk, F.K., Statistik des vormaligen Fürstentums Siegen, Siegen 1820, S. 47
153. Siegerländer Heimatkalender, 1953, S.
154. L. Müller, a.a.O., S. 12 und 26 f
155. Holschbach, H., Volkskunde des Kreises Altenkirchen = Beitr. z. rhein. westf. Volkskunde in Einzeldarstellungen, Heft 5, Elberfeld 1929, S. 16,
Schepke, H., Flurform, Siedlungsform und Hausform im Siegtalgebiet., S. 102 ff
156. Schepke, a.a.O., S. 104
157. Peßler, Das altsächsische Bauernhaus, S. 149
158. Vgl. S. 24 f
159. Vgl. auch Bierau, Das Bauernhaus des Hunsrücks und des Hochwaldes, S. 32
160. Heyn, Der Westerwald und seine Bewohner, S. 216
161. Ehemann, Das Bauernhaus in der Wetterau und im SW-Vogelsberg, S. 76
162. Behlen, Das nassauische Bauernhaus, S. 242
163. Vgl. Schmoeckel, Das Siegerländer Bauernhaus, S. 61
164. Dietzische Regierungsverordnung wegen etwa entstehender Feuersgefahr vom 25. Okt. 1728, abgedruckt im Dillenburgischen Intelligenzblatt vom 28. April 1781
165. Der Interimschausseeinspektor Karl Sckell war 1773 mit seinem Vater, dem Bauinspektor Sckell, ins Siegerland gekommen. Ihm wurde damals die Leitung des Chausseebaues übertragen. "Der Vater zog den auch im Hochbau erfahrenen Sohn bei der Erledigung der ihm selbst übertragenen Arbeiten heran. So kam es, daß dieser im Jahre 1781 aus Anlaß eines großen Brandes zu Allenbach mit dem Zustande des Siegerländer Fachwerkbaues genauer bekannt wurde. Ihm erschien eine Änderung in der Bauweise dieses Bezirkes eine besonders dringende Angelegenheit" (Nach Wolf, K., Zur Geschichte des Siegerländer Fachwerkbaues, Siegerland, Blätter des Siegerländer Heimatvereins, 25, 1943, S. 5)
166. Wolf, a.a.O., S. 5 f
167. Johann Heinrich Jungŝ (genannt Stilling) Lebensgeschichte, hgg. von Max Mendheim, Leipzig (1908), S. 15
168. Heyn, a.a.O., S. 216
169. Dillenburgisches Intelligenzblatt vom 13. April 1811
170. Wolf, a.a.O., S. 5 f

171. Vgl. Schier, Hauslandschaften, S. 266
172. ebda, S. 266
173. Vgl. Schmoeckel, a.a.O., S. 64 f
174. Herw oder Herb ist in der Bedeutung "Rauchfang" im gesamten rechtsrheinisch-ripuarischen Gebiet verbreitet (Vgl. Schmoeckel, a.a.O., S. 105 ff und Müller, J. Rheinisches Wörterbuch, Bd.III, 1935, Sp. 254 und Karte III, 9). In einigen hessischen Gebieten kommt Härb vor in der Bedeutung "unterer Teil des Schornsteins, wo das Fleisch hängt" (Kehrein, J., Volkssprache und -Sitte im Herzogtum Nassau, Weilburg 1860, S. 186). Herw ist wahrscheinlich eine Umlautform zu ahd. harfa, mhd. harpfe (Vgl. Schmieckel, a.a.O., S. 65). Verwandt sind engl. harrow, "Egge" und an. herfe "Harke" (ebda). Nach Schmoeckel, a.a.O., liegt "Das Übereinstimmende bei den aufgezählten Gegenständen: sgld. Herw, "Harfe, "Egge" und "Harke"... in der Grundanschauung eines hölzernen Rahmens mit darüber gespannten Querstäben...". Hiernach würde also die Bezeichnung Herw ursprünglich nur den Holzrahmen am unteren Ende des Rauchfangs zugekommen und dann erst auf den gesamten Rauchfang übertragen worden sein. Darauf weist auch die oben angeführte hessische Bedeutung hin. Es kann jedoch auch eine Grundbedeutung "Geflecht" angenommen werden. Dafür spricht die Bedeutung "Egge". Eine Egge bestand ursprünglich aus einem Zweiggeflecht, wie die lateinische Bezeichnung für die Egge, oratis, (eigentlich "Geflecht") beweist (Vgl. Trier, J., Holz, Etymologien aus dem Niederwald = Münstersche Forschungen, hgg. von J. Trier und H. Grundmann, Heft 6, Münster, Köln 1952, S. 70). Ferner spricht für eine alte Flecht-Bedeutung das verwandte nnl. harp "Sieb". Es kann daher auch die Herw nach dem Geflecht benannt sein, aus dem sie hergestellt ist. In diesem Falle wären die Bedeutungen "Harfe" und "Harke" erst sekundär.
175. Abgedruckt im Dillenburgischen Intelligenzblatt vom 28. April 1781
176. Verordnung vom 11. Juli 1748, abgedruckt im Dillenburgischen Intelligenzblatt vom 6. August 1774
177. Vgl. auch Bierau, a.a.O., S. 32, der die gleichen Zustände vom Hunsrück berichtet.
178. Vgl. Siegerländer Wörterbuch, S. 7
179. Schmoeckel, a.a.O., S. 69
180. Bierau, a.a.O., S. 32 f
181. ebda, S. 33
182. Vgl. Wurmbach, A., Die Siegerländer Bauernstube. Monatsblätter des Siegerländer Heimatvereins, Jg. 1 1952, Heft 5
183. Beleg aus Volnsberg bei Siegen
184. Nach Bierau, a.a.O., S. 39 ist die Bauernstube im Hunsrück ebenfalls Wohn-, Eß- und Arbeitsraum. In einer anschließenden Kammer befindet sich die Schlafstätte.
185. Schier, Hauslandschaften, S. 301
186. Ders., Heimatkunde des Bezirkes Friedland, S. 300
187. Schmoeckel, a.a.O., S. 39
188. Schier, Hauslandschaften, S. 301
ders., Heimatkunde des Bezirkes Friedland, S. 300
189. Schmoeckel, a.a.O., S. 72
190. Hoschbach, Volkskunde des Kreises Altenkirchen, S. 38
Behlen, Das nassauische Bauernhaus, S. 245
191. Weistum der Gesetze, Ordnungen und Vorschriften, welche in die nassauische teutsche Länder Ottoischer Linie von den ältesten Zeiten bis hierhin ergangen sind, Hadamar 1803, Bd. II, S. 375
192. Rörig, Haus und Wohnen in einem sauerländischen Dorfe, S. 36

193. Holschbach, a.a.O., S. 39
194. Behlen, a.a.O., S. 245
195. Gierlichs, H., Das alte Eifeler Bauernhaus, Zeitschrift des Vereins f. rhein. und westf. Volkskunde, 1, 1904, S. 148
196. Bierau, a.a.O., S. 33 f
197. Siegerländer Wörterbuch, S. 196
Schmoeckel, a.a.O., S. 70
198. Schier, Hauslandschaften, S. 277
199. Heyne, M., Das deutsche Wohnungswesen von den ältesten geschichtlichen Zeiten bis zum 16. Jahrhundert, Leipzig 1899, S. 170 f
200. Behlen, a.a.O., S. 245
201. Vgl. S. 27
202. Siegerländer Wörterbuch, S. 195 f
203. Vgl. Schmoeckel, a.a.O., S. 70. Nach ihm steht dieser Topf jedoch nicht auf dem Ofenhals, sondern auf dem Brandmauerabsatz hinter dem Ofen.
204. Vgl. S. 27 f
205. Ehemann, a.a.O., S.75
206. Bierau, a.a.O., S. 38
207. Holschbach, a.a.O., S. 39
208. Behlen, a.a.O., S. 245
209. Schier, Heimatkunde des Bezirkes Friedland, S, 282
210. ebda
211. Heyn, Der Westerwald und seine Bewohner, S. 216
212. Abgedruckt im Dillenburgischen Intelligenzblatt vom 9. Dez. 1775.
213. Dillenburgisches Intelligenzblatt vom 13.4.1811
214. Siegerländer Wörterbuch, S. 48
215. Behlen, a.a.O., S. 248
216. Bierau, a.a.O., S. 40
217. Näheres s. bei Schepers, Das Bauernhaus in Nordwestdeutschland, S. 127 f
218. ebda, S. 127
219. Schmoeckel, a.a.O., S. 70 ff
220. Zacke ist die verschobene mitteldeutsche Lautform von Tacke. Es ist jedoch merkwürdig, daß das Wort in anderen mitteldeutschen Sprachgebieten unverschoben geblieben ist.
221. Jacob Heinzerling und Hermann Reuter, Siegerländer Wörterbuch, Siegen 1932 - 1938
222. Holschbach, Volkskunde des Kreises Altenkirchen, S. 38
223. ebda
224. Rörig, a.a.O., S. 35
225. ebda, Anm. 97
226. Rees, Gehöft und Bauernhaus im Bergischen Lande, S. 181
227. Gierlichs, Das alte Eifeler Bauernhaus, S. 148
228. Behlen, a.a.O., S. 257
229. ebda
230. Schmoeckel, a.a.O., S. 68
231. Vgl. dazu auch Ehemann (der die gleiche Erscheinung in seinem Beobachtungsgebiet festgestellt hat), a.a.O., S. 76: "Während die Aufteilung des Ern in Flur und Küche bis auf wenige Beispiele vollzogen ist, findet sich die Stube in ihrer Grundform heute noch viel häufiger und läßt sich die Abteilung einer Schlafkammer von der Stube mit ihren Zwischengliedern noch verfolgen".
232. Ehemann, a.a.O., S. 76, Henning, Das deutsche Haus in seiner historischen Entwicklung, S. 10, Holschbach, a.a.O., S. 38, Henkelmann, K., Das Odenwälder Bauernhaus, S. 22, Bierau, a.a.O., S. 39
233. Im Bauernhaus des Hunsrücks ist allerdings eine Bettnische

vorhanden, die in die Küchen-Stubenwand eingebaut ist in der Nähe des Herdfeuers (Bierau, a.a.O., S. 39)

234. Schier, Heimatkunde des Bezirkes Friedland, S. 330, ders., Hauslandschaften, S. 340
235. Vgl. S. 26
236. Vgl. hierzu Behlen, a.a.O., S. 247, Schier, Heimatkunde des Bezirkes Friedland, S. 307, Rumpf, K., Hessische Volkskunst, Marburg 1951, S. 26
237. Das Siegerländer Wörterbuch (S. 196) kennt Wort und Sache nur für den Freien Grund, aber beides ist auch im nördlichen Siegerlande bekannt.
238. Zusammenstellung nach Heyn, Der Westerwald und seine Bewohner, S. 216 ff
239. Polizei-Ordnung vom 11. 6. 1786, abgedruckt im Weistum, a.a.O., S. 17
240. Polizei-Ordnung vom 7.11.1758, abgedruckt ebda, S. 16
241. Polizei-Ordnung vom 30.9.1780, abgedruckt ebda, S. 16
242. Ring, W., Alchen, Die Geschichte eines Siegerländer Dorfes, Siegen 1954, S. 59
243. Vgl. hierzu auch Schmoeckel, a.a.O., S. 73
244. Schälche ist die mundartliche Bezeichnung für die Tasse. Gleiche Bedeutung hat Köbbche. Wenn es heute zwischen Ober- und Untertasse zu unterscheiden gilt, bedeutet Köbbche die Obertasse und Schälche die Untertasse (Siegerländer Wörterbuch, S. 253). Schälche scheint jedoch die ältere Bezeichnung zu sein, da es zur Kompositumbilung verwandt wird.
Säjjelche ist die Diminutivform von Sajj "ovaler Korb von Eichenschienen geflochten" und "Durchschlag". Es ist dasselbe Wort wie nhd. Seihe "Sieb".
245. Schmoeckel, a.a.O., S. 81 f
246. ebda, S. 82
247. Siegerländer Wörterbuch, S. 13
248. ebda, S. 119
Schmoeckel, a.a.O., S. 82
249. Siegerländer Wörterbuch, S. 115
250. Vgl. Ehemann, a.a.O., S. 86
251. Ollern ist ein Bergisches Wort, das nach Süden bis ins Siegerland und in den zur Sieg abfallenden Teil des Kreises Altenkirchen reicht. Es wird im Süden von Speicher, im Westen von Läube und im Norden und Osten von Bühne, Balken, Söller begrenzt (Rheinisches Wörterbuch, Bd. 6, Sp. 395). Frings (PBB 52, 1928, S. 436) erklärt das Wort als Klammerform von ol-er-ern. Es handelt sich demnach um einen Ern mit einem Bodenbelag von Aulerde - Töpfererde (zu lat. Olla "Topf"). Dieser Deutung kann zugestimmt werden, zumal der Dachboden des Siegerländer Hauses häufig mit einem Lehmestrich belegt ist, der Feuersicherheit halber. Ollern ist also - wie viele Bezeichnungen für den Dachraum (Balken, Boden) - eine alte Bezeichnung für den Fußboden, der den Dachraum vom unteren Hause abtrennt.
252. Vgl. S. 31
253. Schmoeckel, Das Siegerländer Bauernhaus, S. 52, Siegerländer Wörterbuch, S. 3
254. Vgl. Schier, Heimatkunde des Bezirkes Friedland, S. 285. Schier nennt diesen Kamin einen bodenrauchenden Schlot, der in Schlesien vereinzelt bis zu Beginn des 18. Jahrhunderts vorgekommen ist.
255. Nach freundlicher Mitteilung von H. Richter, Nettelstedt.
256. Dillenburgisches Intelligenzblatt vom 25. Febr. 1775
257. Vgl. Schlee, E., Die Herdstelle im niederdeutschen Hallen-

haus, Z.f.Vk., 51, 1954, 77-87
258. Vgl. Bierau, Das Bauernhaus des Hunsrücks und des Hochwaldes S. 39. Bierau nennt diese Löcher "Schürblöcher".
259. Vgl. Ehemann, Das Bauernhaus in der Wetterau und im Südwest-Vogelsberg, S. 29
260. S. 30 und 37
261. Schmoeckel, a.a.O., S. 74
262. ebda
263. Vgl. hierzu auch Ehemann, a.a.O., S. 76
264. Holschbach, Heimatkunde des Kreises Altenkirchen, S. 25
265. Ders., Das Westerwälder Bauernhaus und Bauerngehöft, Rhein. Heimatpflege 7, 1935, S. 191 f
266. Vgl. die in Kapitel I aufgeführten Schatzungsregister
267. Schmoeckel, a.a.O., S. 83, setzt irrtümlicherweise "Dänne" und "Gedänn" mit "Scheune" gleich. Die "Dänne" ist jedoch nur ein Teil der Scheune, nähmlich der Dreschraum.
268. Vgl. Ehemann, a.a.O., S. 82
269. Vgl. ebda, S. 83
270. Schmoeckel, a.a.O., S. 84
271. Diese Bezeichnungen sind im Freien Grund üblich.
272. Vgl. S. 64
273. Im nördlichen Siegerlande: "Schüerndoor"
274. Vgl. die Beschreibung der Scheune bei Behlen, Das nassauische Bauernhaus, S. 253 f., bei Ehemann, a.a.O., S. 82 ff
275. Das hat bereits Schmoeckel erkannt, a.a.O., S. 83
276. Vgl. Kapitel I
277. Schenck, Statistik des vormaligen Fürstentums Siegen, S. 47
278. Vgl. S. 35 ff
279. Vgl. S. 66
280. Über die Kammertenne s. Schier, Hauslandschaften, S. 389 f
281. ebda, S. 389
282. Im Gegensatz dazu h ä n g e n die Rofen am Firstbaum und liegen unten nur locker auf den Fußpfetten auf. Sie brauchen auch nicht paarweise geordnet zu sein (Näheres vgl. bei Schepers, Das Bauernhaus in Nordwestdeutschland. S. 14 ff
283. Vgl. Schepers, a.a.O., S. 63 und 71
284. ebda, S. 23
285. ebda
286. Schier, Hauslandschaften, S. 50 f
287. Schepers, a.a.O., A. 108, Behlen, Das nassauische Bauernhaus S. 251, Bierau, Das Bauernhaus des Hunsrücks und des Hochwaldes, S. 21 und Tafel VI b, Walbe, Das hessisch-fränkische Fachwerk, S. 3 ff und Ehemann, das Bauernhaus in der Wetterau und im SW-Vogelsberg, S. 96 ff
288. Rörig, Haus und Wohnen in einem sauerländischen Dorfe, S. 26, Lehrke, Das niedersächsische Bauernhaus in Waldeck, S. 67, Schepers, a.a.O., S. 73 und 191
289. Rörig, a.a.O., S. 26
290. ebda
291. ebda
292. Weistum, a.a.O., Bd. I, S. 186
293. Schepers, a.a.O., S. 72
294. Vgl. Behlen, a.a.O., S. 251, Holschbach, Das Westerwälder Bauernhaus, S. 186, Walbe, a.a.O., S. 253
295. Holschbach, a.a.O., S. 183 ff
296. ebda, S. 186
297. Lehrke, a.a.O., S. 67, Schepers, a.a.O., S. 94
298. Schepers, a.a.O., S. 108 f, Ehemann, a.a.O., S. 98 f, kennt sie nur noch an Häusern aus dem 15./16. und Anfang des 17. Jahrhunderts.
299. Schmoeckel, Das Siegerländer Bauernhaus, S. 46 f und Fig.2-4

300. Ebda, S. 47
301. Vgl. Schepers, a.a.O., S. 108, Anm. 294
302. Schmoeckel, a.a.O., Fig. 3
303. Schepke, Flurform, Siedlungsform und Hausform im Siegertalgebiet, S. 120 f
304. Ebda, S. 212
305. Vgl. Schepers, a.a.O., S. 108, Anm. 294
306. Vgl. Ehemann, a.a.O., S. 96, der die gleichen Verhältnisse aus seinem Untersuchungsgebiet schildert.
307. Mit "Hauberg" bezeichnet der Siegerländer seinen gut gepflegten Niederwald, der eine geregelte Umtriebszeit von 16 bis 18 Jahren besitzt. Dementsprechend ist der Hauberg in 16 bis 18 "Schläge" eingeteilt, so daß jedes Jahr ein "Schlag" abgeholzt werden kann. Im ersten Jahre nach dem Abtrieb wird zwischen die Wurzelstümpfe Roggen gesät, dessen Halme zum Dachdecken verwandt werden.
308. Vgl. Siegerländer Wörterbuch, S. 256
309. Dörnberg, Statistische Nachrichten über den Kreis Siegen, 1860 - 1865, S. 27
310. Wolf, Zur Geschichte des Siegerländer Fachwerkbaues, S. 11
311. Schmoeckel, a.a.O., S. 45
312. Angaben über die Herstellung der Schindeln vgl. im Siegerländer Wörterbuch, S. 256 ff
313. Das Wort kommt als Lotter oder Latter im Hessischen vor, vor allem in älteren Bau- und Forstrechnungen, aber auch noch heute wird es vereinzelt gebraucht (Vilmar, Idiotikon von Kurhessen, S. 253), Vilmar (ebda) hält es für eine mundartliche Nebenform von nhd. Latte. Das Siegerländer Wörterbuch (S.158) dagegen stellt Lodder zu Lo "Schößling". Dieses Wort ist im SW-Siegerland, dem Freudenberger Gebiet, als junger Sprößling im Hauberg bekannt, im NW bedeutet der Plural Loore die Gesamtheit der aus einem Wurzelstock sprießenden Stämmchen. Sachlich kann Lodder zweifelsohne zu Lo gestellt werden, da es sich bei den Loddern um junge Eichenstangen oder Haselstäbe handelt, die aus dem Hauberg geholt werden. Wie es jedoch etymologisch einzuordnen ist, kann hier nicht entschieden werden.
314. Weddche ist die Verkleinerungsform von Wett (Pl. Weere), nhd. Wiede, "ein aus biegsamen Gerten oder Reisern, besonders von Birken oder Weiden zusammengedrehtes Stück für Garben- oder Reisigbündel (Siegerländer Wörterbuch, S. 324). Verwandt sind mnd. wede, got. vidis, "Rute", Schweiz. wttn "binden, fügen" und wohl auch nhd. Weide. Die ursprüngliche Bedeutung scheint "Flechtgerte" zu sein.
315. Schenk, Statistik des vormaligen Fürstentums Siegen, S. 51
316. ebda
317. Staatsarchiv Wiesbaden, Altes Dillenburger Archiv, C 1700
318. Holz- und Waldordnung von 1562, abgedruckt im Dillenburgischen Intelligenzblatt vom 1. April 1775
319. Holz- und Waldordnung von 1562, abgedruckt im Weistum, a.a.O., Bd. I., S. 325
320. Waldordnung von 1756, abgedruckt im Weistum, a.a.O., Bd. I, S. 89
321. Vgl. S. 76
322. Beim Stockwerkbau sind die wichtigsten Hölzer des Gefüges, die senkrechten Stützen, zweiteilig, d.h. sie bestehen aus zwei Stücken. Beim Geschoßbau liegen zwar bereits die Räume des Hauses übereinander, doch sind die Gefügeständer durchgehend. Stockwerk ist ein Begriff der Gefügeordnung, Geschoß ein Begriff der Raumordnung (Schepers, Das Bauernhaus in Nordwestdeutschland, S. 94 f) (vgl. Anm. 413)

323. Zu siegerländ. sbaale "Spalten", mhd. spelter "Scheit", "Splitter" (Siegerländer Wörterbuch, S. 227)
324. Vgl. ebda
325. Nach freundlicher Mitteilung von J. Schepers
326. Walbe, Das hessisch-fränkische Fachwerk, S. 3
327. Nach Schmoeckel, Das Siegerländer Bauernhaus, S. 37 und Fig. 2, sind die Bundpfosten zwei in der Mitte der Giebelwand zu beiden Seiten des Hauseingangs stehende Stiele, die über die Wandhöhe hinaus in das Giebelfeld hineinreichen. "Diese heißen "Bondposde" (Bundpfosten), zu binden gehörig, weil der Pfosten gewissermaßen die Wand mit dem dreieckigen Giebelfelde oder die beiden Stockwerke untereinander verbindet" (S. 37). Bei dieser Deutung scheint Schmoeckel zu irren, denn es gibt auch Bundpfosten beim Stockwerkbau. Es kommt also nicht auf das vertikale Verbinden der Pfosten an, sondern auf das horizontale.
328. Walbe, a.a.O., S. 107
329. Schepers, a.a.O., S. 107
330. Ebde, S. 107 f
331. Ebda, S. 108
332. Ebda
333. In Hessen zeigen nur wenige der ältesten Häuser noch Geschoßbau, Vgl. Rumpf, Hessische Volkskunst, Abb. 93, Bauernhaus in Allendorf um 1600 erbaut, und Abb. 94, Bauernhaus in Niederaspe, um 1700 erbaut. Die bei Walbe, a.a.O., abgebildeten Bauernhäuser aus dem Ende des 17. Jahrhunderts haben bereits ausgeprägten Stockwerkbau (Vgl. Abb. 204, 206, 241, 242, 420 und 421)
334. Wolf, Zur Geschichte des Siegerländer Fachwerkbaues, S. 5
335. Das entspricht mitteldeutscher Art. Vgl. Behlen, Das nassauische Bauernhaus, S. 250, und Ehemann, Das Bauernhaus in der Wetterau und im SW-Vogelsberg, S. 94
336. Siegerländer Wörterbuch, S. 178
337. Vgl. z.B. Walbe, a.a.O., Abb. 594-597, 606-608 und 618-624
338. Schmoeckel, a.a.O., S. 36 und Fig. 2
339. Ebda, S. 39
340. Ebda, S. 39
341. Rumpf, a.a.O., S. 35
342. Das Stadtgebiet von Siegen ist - der wenig klaren Verhältnisse halber - nicht berücksichtigt worden.
343. Vgl. Kapitel II
344. Vgl. ebda
345. Schepke, Flurform, Siedlungsform und Hausform im Siegetalgebiet, S. 122
346. Löber, K., Siegerländer Häuser hüben und drüben, Siegener Zeitung vom 17.12.1949
347. Ebda
348. Schepke, a.a.O., Abb. 46
349. Schepke, a.a.O., S. 122
350. Ebda, Abb. 43
351. Löber, a.a.O.,
352. Ebda
353. Vgl. die Bau- und Kunstdenkmäler von Westfalen, bearb. von A. Ludorff, Münster, 1903 Tafel 13,3
354. Hierbei bleibt unberücksichtigt, ob es sich um ein Haus mit Deelen-Ern oder mit Flur-Ern handelt. Zu dieser Unterscheidung muß Karte III als Vergleich herangezogen werden.
355. Vgl. Peßler, Das altsächsische Bauernhaus, S. 156 ff und Karte 1
356. Ebda
357. Vgl. S. 35 ff

358. Vgl. Lehrke, Das niedersächsische Bauernhaus in Waldeck, S. 31
359. Vgl. Lehrke, a.a.O., S. 28 ff und L. Müller, Das Bauernhaus im Kreise Hofgeismar, S. 15 und S. 45 f
360. Vgl. S. 45
361. Vgl. Schepke, a.a.O., S. 122
362. Vgl. Löber, a.a.O.
363. Schepke, a.a.O., S. 120 ff und Karte V, Schepers, a.a.O., S. 168
364. Schepke, a.a.O., S. 5
365. Schepers, a.a.O., Karte 3
366. Peßler, Das altsächsische Bauernhaus, Karte 1.

Anmerkungen des Herausgebers
4o1. Mit dem Thema "Badhäuser" beschäftigte sich inzwischen Joh. Cramer: Badhäuser, Ein städtischer Bautyp, in: Hausbau im Mittelalter II, Sobernheim 1985, 9-58
4o2. Zur "Stube" ist auf die umfassende Arbeit von Joachim Hähnel zu verweisen: Stube, Wort- und sachgeschichtliche Beiträge zur historischen Hausforschung, Münster 1975
4o3. Zu Takenheizungen: Klaus Freckmann, Takenheizungen, in: Karlheinz von der Driesch (Hg.), Handbuch der gußeisernen Ofen-, Kamin- und Talkenplatten im Rheinland, Werken und Wohnen, Amt für rheinische Landeskunde 1987
4o4. Stubenkammern bzw. "Kabinettla" behandelten zuletzt Konrad Bedal, in: Häuser in Franken, Museumsführer Fränkisches Freilandmuseum Bad Windsheim, Bad Windsheim 1985, 26-36 (Abschnitt Stube und Kabinettla) und Bettina Rädlein, Der Verschlag auf der Schwäbischen Alb - Zur Verbreitung von Kabinett und Kanzlei, in: AHF-Mitteilungen 19, März 1986,3-6
4o5. Beispiele hierzu inzwischen bei: Fred Kaspar, Bauen und Wohnen in einer alten Hansestadt, Denkmalpflege und Forschung in Westfalen 9, Bonn 1985, 84 ff.
4o6. Die betreffende Verordnung steht soweit vereinzelt dar, daß in dieser Beantwortung der Frage nach der Fällzeit des Holzes Skepsis geboten ist.
4o7. Riegelloses Fachwerk stellt Herbert Kienzler vor. Siegerländer Fachwerkhäuser, Siegen 1974, 26-28. Eine Bauverordnung aus dem Jahre 179o wurde erstaunlich schnell aufgegriffen und befolgt. Ein frühes Beispiel für riegelloses Fachwerk ist das Haus Afholderbach, Erndtebrücker Str. 31, 18oo von Zimmermeister Joh. Jost Stoezel aus Langenholdinghausen.
4o8. Das von Frau Teepe-Wurmbach hier noch angenommene Ochsenblut hat keine Verwendung gefunden. Es kann daraus kein roter Farbstoff bewonnnen werden: Blut wird an der Luft schwarz.
4o9. Alter "Abwehrzauber" ist in einer Zeit der "christlichen" Hexenverfolgung und Teufelsaustreibung sicher ein schiefes Argument. Man hat sich hierunter keine heidnisch-vorgeschichtlichen Traditionen vorzustellen, sondern die Ängste des allenfalls von Pfarrer und Dorfschullehrer ausgebildeten Bauern, Handwerker oder Bürgers in der frühen Neuzeit.
410. Kratzputz war 1988 nur noch in Nenkersdorf erhalten.
411. Durch Hausforscher wie Konrad Bedal und Joachim Hähnel wurden inzwischen klarere Begriffe wie "Baustruktur - Raumstruktur - Funktionsstruktur - Sozialstruktur" entwickelt, vgl. Konrad Bedal, Historische Hausforschung, Münster 1978
412. Über die Literaturliste Frau Teepe-Wurmbachs hinausgehende Titel wurden nur in die Anmerkungen, nicht in die Literaturliste aufgenommen. Einen guten Überblick über das Fachwerk des Siegerlandes gibt namentlich der sich der Schule Heinrich Walbes zurechnende Herbert Kienzler (vgl. Anm. 4o9).

413. Die Grundlagen der Terminologie Josef Schepers wurden von Konrad Bedal ergänzt: Ländliche Ständerbauten des 15.-17. Jahrhunderts in Holstein und im südlichen Schleswig. Studien zur Volkskunde und Kulturgeschichte Schleswig-Holsteins, Band 1, Neumünster 1977
414. Feuersbach, Deuzer Str. 226, vgl. Kienzler 1974, Nr. 378
415. Niedernetphen, Kronprinzenstr. 53, 1673. Vgl. J. Schepers, Haus und Hof westfälischer Bauern, Münster (6) 1985, Tf. 286
416. Von den beiden Littfelder Häusern ist eines abgebrochen (vielleicht Haus 123, s. J. Schepers, Haus und Hof westfälischer Bauern, 1985, Tf. 283), das andere, Lindenweg 1o, steht noch.
417. Es handelt sich um das Haus 86 (heute Freier-Grunder-Str. 86) in Unterwilden, seinerzeit im Besitz von Berta Böcking, gen. Kunze.
418. Oechelhausen, In der Rembach 3
419. Inzwischen konnten Beispiele verrußter Dachwerke festgestellt werden, namentlich das Haus Kapellenweg 4 in Holzhausen (ehem. Schule), s. Abb.24
42o. Afholderbach, Erndtebrücker Str. 35. Verändert erhalten.
421. Herzhausen, Hilchenbacher Str. 47. Erdgeschoß inzwischen massiv.
422. Beispiele finden sich in Volnsberg (Quellenweg 8, Abb. 47-49), Breitenbach (Breitenbacher Str. 37o, Abb. 5o), Feuersbach (Nr. 226) und Eschenbach. Dargestellt sind Jagdszenen, Tiere und die Männer mit dem Rebstock. Zumeist handelt es sich also um religiöse Szenen, die schon in der Romanik (Apsis der Stiftskirche in Königslutter), verstärkt aber im 16. Jahrhundert in Westfalen dargestellt wurden. Diese Beispiele gehen z.T. auf die Verehrung der hl. Ida von Herzfeld zurück (Delbrück-Dorfbauerschaft, Valepagenhof, jetzt Westfälisches Freilichtmuseum Detmold, 157o)
423. Eisern, Schulstr. 42, bez. 1718
424. Nenkersdorf, Siegtalstr. 13, Fachwerk bez. 1779. Der Kratzputz wurde bei einer jüngeren Renovierung farblich überbetont.
425. Abb. eines Hauses aus Obereisenhausen, Kr. Marburg-Biedenkopf bei Großmann, Der Fachwerkbau, Köln 1986, S. 42
426. Struthütten, Haus Still, Stillweg 8/1o, bez. 167o

Nachwort

Als die ursprünglich geplante Dissertation von Frau Annemarie Wurmbach am Streit zweier Professoren um die rechte Meinung scheiterte, erfuhr sie von Josef Schepers, damals Mitarbeiter des Westfälischen Baupflegeamtes in Münster, nachdrückliche Unterstützung. Er förderte den Gedanken der aus einer alten siegerländischen Familie stammenden Volkskundlerin, in einer Dissertation das Bauernhaus im Siegerland zu untersuchen. 1944 bis 1951 hatte Annemarie Wumbach in Münster studiert, abgesehen von einer kriegsbedingten Unterbrechung. 1951 bis 1954 arbeitete sie als wissenschaftliche Mitarbeiterin beim Siegerländer Heimatverein. Aus dieser Zeit stammt eine Sammlung von Karteikarten, auf denen baugeschichtlich und volkskundlich Interessantes über zahlreiche Häuser vermerkt ist, teilweise flossen diese Unterlagen in die Dissertation ein. 1955 promovierte sie mit der vorliegenden Arbeit. Als ihre Lehrer nannte sie die Professoren Jost Trier und Bruno Schier, ferner William Foerste und die Professoren Heuer, Schmitt, Schulte-Kemminghausen, Stieren und von Wiese.
1955-58 war Annemarie Teepe-Wurmbach, verheiratet mit dem Münsteraner Volkskundler Paul Teepe, Volontärin am Landesmuseum für Kunst- und Kulturgeschichte in Münster, 1958-61 nahm sie einen Forschungsauftrag über das Thema "Essen und Trinken in Nordwestdeutschland" war.
1963 wurde sie Mitarbeiterin des Westfälischen Freilichtmuseums Detmold, nachdem sie bereits zuvor zwei Jahre im Werkauftrag für das Museum unter Leitung von Josef Schepers gearbeitet hatte. Das Krumme Haus im Freilichtmuseum wurde ihr zugleich Wohn- und Arbeitsstätte. Ihre Tätigkeit konnte sie jedoch nur anderthalb Jahre wahrnehmen. 1965 zog sie sich aus dem Museum zurück und arbeitete fortan nur noch im Werkauftrag. Gesundheitliche Gründe haben dies bedingt - schon am 14. Juni 1966 verstarb sie, 41jährig, nach einer schweren Krankheit.
Bemühungen um die Veröffentlichung der Dissertation scheiterten mehrfach an fehlenden Genehmigungen oder unzureichenden Mitteln. Um so mehr ist nunmehr Dank dem Dekan der Philosophischen Fakul-

tät der Westfälischen Wilhelms-Universität Münster, Herrn Prof. Dr. G. Ressel, Prof. Dr. G. Wiegelmann (Volkskundliches Seminar der Universität) und Herrn Paul Teepe auszusprechen, ferner Herrn Prof. Dr. Josef Schepers für seine Unterstützung und die Bereitstellung von Abbildungen (Bauaufnahmen), Herrn Museumsdirektor Dr. Stefan Baumeier für die Bereitstellung von Fotos und Zeichnungen aus dem Archiv des Westfälischen Freilichtmuseum Detmold und dem Siegerland-Museum der Stadt Siegen für die Unterlagen der Jahre 1951-54. Herr Landtagsabgeordneter Hans Hoof vermittelte einen Zuschuß des Kreises Siegen-Wittgenstein zur Veröffentlichung, Dank gilt somit vor allem heimatbewußten Landkreis und hier Herrn Oberkreisdirektor Forster.

Als 1981 ein neuer Vorstand des Arbeitskreises für Hausforschung gewählt wurde, sollte nicht nur die verdienstvolle Tätigkeit von Josef Schepers, dem wichtigsten westfälischen und darüberhinaus deutschen Hausforscher und des Baupflegeamtes beim Landschaftsverband Westfalen-Lippe fortgesetzt werden. Neue Projekte zielten vor allem auf die Publikationen des Arbeitskreises, die ein Forum der wissenschaftlichen Diskussion sein sollten, ohne an Anschaulichkeit einzubüßen. Eine Reihe von Sonderbänden konnten bisher veröffentlicht werden und haben sich, nicht nur im Bereich der mittelalterlichen Hausforschung, zu viel zitierten Grundlagenwerken entwickelt. Daneben sollten jedoch auch jene wichtigen Werke früherer Jahre und Jahrzehnte berücksichtigt und ggf. neu herausgegeben werden, die entweder langezeit vergriffen oder aber nie publiziert worden sind. Nach der Mitwirkung des Arbeitskreises an Hans Vogts "Das Bürgerhaus in der Rheinprovinz", neu herausgegeben von Klaus Freckmann (Düsseldorf 1929/1986), ist die Veröffentlichung der Dissertation von Annemarie Teepe-Wurmbach über das Bauernhaus im Siegerland die erste eigene Veröffentlichung des Arbeitskreises in dieser Richtung. Da das Buch nicht nur über das Siegerland berichtet, sondern auch eine von manchem für sehr jung gehaltene volkskundliche Mehodik anwendet, ist es sicher nicht nur für den Siegerländer Leser, sondern für alle Haus- und Bauforscher von Interesse und Bedeutung.

Zwischen 1955 und 1987 ist ein Vielzahl kleinerer Abhandlungen über den Hausbau im Siegerland und in einzelnen Siegerländer Orten erschienen. Sie sind in der Hauskundlichen Bibliographie Joachim Hähnels (1960-1970, Bd. 1, Detmold 1972) bzw. den Hauskundlichen Literaturberichten (Beiträge zur Hausforschung Bd. 1 ff., Detmold/Sobernheim 1975 ff.) nachgewiesen. Josef Schepers sparte in seinem Werk "Haus und Hof Westfälische Bauern" (Münster 1960 u.d.T. Haus und Hof deutscher Bauern II. Westfalen) das Siegerland weitgehend aus. Nur sieben Aufmaße sind enthalten. Dies geschah unter Berücksichtigung der Dissertation von Frau Teepe-Wurmbach, obwohl sie auf Aufmaße verzichtet hatte und so die dokumentarische Arbeit im Siegerland insgesamt stark vernachlässigt wurde.
1974 legte Herbert Kienzler sein Buch "Siegerländer Fachwerkhäuser" vor (hg. vom Kreis Siegen, Siegen 1974). Kurz darauf folgte: Bernd und Hilla Becher, Fachwerkhäuser des Siegerländer Industriegebietes, München 1977. Dieser Bildband machte über Siegen hinaus populär, was zuvor Herbert Kienzler untersucht hatte: das riegellose Fachwerk. Der fürstliche Baumeister Johann Friedrich Skell hatte die "Instruction" erarbeitet, am 11. Dezember 1790 wurde sie veröffentlicht. Die Instruktion regelte die Höhe der Mauersockel, die Anordnung der Schwellen bündig auf dem Sockel, die Stärke der "Pfosten", sie verlangte den Verzicht auf Riegel und Büge (Streben), ausgenommen Eckstreben, die jedoch von der Schwelle zum Rähm reichen sollten, forderte Futterbretter unter den Fenstern, ferner hochkantige schmale Balken, hochkantige Längsunterzüge, die auf einen Riegel zu legen waren, der giebelseitig zwischen zwei "Pfosten" "eingestirnt" (also mit schrägem Versatz in die Pfosten eingeklinkt, nicht eingezapft) werden sollten, verordnete schließlich bestimmte Holzstärken im Dachwerk. Öfen und Feuerstellen sollten mit Lehmstein oder Bruchstein hintermauert werden. Holz am Äußeren war aus Eiche zu gewinnen, im Innern konnte man auch Fichte oder Tanne verwenden. Stockwerksbalken sollten bündig ohne Vorkragung an der Fassade verzimmert, ggf. mit Teer gestrichen und die Schwellen mit einer Diele unterlegt sein. Stichgebälke zu den Giebeln sollten aus statischen Gründung Verwendung finden. Beispiele für solches riegelloses Fachwerk läßt sich schon um 1800 belegen, die Umsetzung der

Instruktion erfolgte also schnell, wahrscheinlich sofort (vgl. Anm. 4o7).
Ein Beispiel hierfür ist auch die Reparatur eines Freudenberger Hauses aus dem Jahr 1761. Die Lohgerberei Krottorfer Str. 6 erhielt nach einem Brand einen neuen Oberstock aus riegellosem Fachwerk (vgl. Großmann, Die Farbfassungen der Lohgerberei in Freudenberg, Krottorfer Str. 6, in: Beiträge zur Volkskunde und Hausforschung 1, Schriften des Westfälischen Freilichtmuseums Detmold, 1986, 126-138). Riegelloses Fachwerk, Strebenanordnung, Schwellen- und Rähmkonstruktion, Fenstergestaltung, Dachwerk und Feuerstellen ließen sich in strenger Folge der Instruktion nachvollziehen. Was in dem hervorragenden Bildband von B. und H. Becher nur einfach malerisch durch eine strenge Baugeometrie wirkt, hat tatsächlich unmittelbare bautechnische bzw. baurechtliche Ursachen. Beiden Büchern ist der Blick auf das 19. Jahrhundert zu verdanken. Der Hausbestand Freudenbergs wird im übrigen durch den Band Herbert Kienzlers, Der Alte Flecken Freudenberg, Hagen 1978, vorgestellt.
Das Westfälische Freilichtmuseum Detmold hat sich schon in den 6oer Jahren dem Siegerland zugewandt (vgl. Stefan Baumeier, Westfälische Bauernhäuser, vor Bagger und Raupe gerettet, Josef Schepers zum 75. Geburtstag gewidmet, Bielefeld 1983). Für einen geplanten Siegerländer-Wittgensteiner Weiler wurden eine Kapellenschule aus Werthenbach, das Haus Heitze aus Dreistiefenbach, das Haus Stöcker aus Burgholdinghausen, das Haus Mende-Stötzel aus Obernau, das Haus Fuchs aus Weidenau, eine Scheune vom Hof Schäfer aus Obernau, ein Backhaus vom Hof Vitt aus Obernau und der Giebel des Gasthauses Werthenbach aus Brauersdorf sowie eine Wassermühle von dort, schließlich 1985-86 die Lohmühle aus Freudenberg abgebaut. Diese Maßnahmen haben merklich zur Kenntnis und zur Dokumentation beigetragen, da erstmals Häuser gründlich, bei der Lohmühle endlich auch verformungsgetreu aufgemessen und dokumentiert worden sind. Ein Teil der Zeichnungen wurde als Anhang für diese Publikation zur Verfügung gestellt.
In der Erforschung spätmittelalterlichen Fachwerks gelang in Siegen ein bemerkenswerter Fund, der allerdings nicht ein ländliches Gebäude betrifft, sondern ein städtisches. Das Haus Untere Metzgerstraße 2o in der sonst weitgehend kriegszerstörten Siege-

ner Altstadt stammt noch aus den Jahren um 148o, wie ein dendrochronologisches Gutachten (Hans Tisje, Neu-Isenburg) belegt. Das vom westfälischen Amt für Denkmalpflege (frdl. Hinweis Fred Kaspar) entdeckte Gebäude ist ein zweigeschossiger Wandständerbau mit geblatteten Schwertungen und Riegeln an der erhaltenen (rechten) Traufwand (Abb. 69). Im Wandaufbau entspricht das Haus den gleichzeitigen Bauten in Marburg und anderen oberhessischen Bauten des späten 15. Jahrhunderts. Es war ursprünglich ein kurzes zweizoniges Giebelhaus, dessen Fassade jedoch im 19. Jahrhundert verändert wurde.
Die fälschlich so bezeichneten Arbeiterhäuser Zur Silbermühle 6-8 (Abb. 8o-85) und 1o-12 in Kredenbach konnte der Hg. nach einer Anfrage des mit der privaten Umsetzung betrauten Architekten baugeschichtlich untersuchen. Es stellten sich bemerkenswerte Umbaumaßnahmen heraus und es konnten bisher kaum beobachtete Wandaufbauten im Innern (vollständige Dielenwände des 19. Jahrhunderts), Farbfassungen, Tapeten und Verrußungen dokumentiert werden. Das gefügekundlich von T. Spohn dokumentierte Haus Nr. 1o-12 ist im Jahrbuch für Hausforschung 36/37, Sobernheim 1987, S. 182-187, veröffentlicht.
Dies mag zeigen, daß auch im Siegerland noch immer bemerkenswerte Funde alter wie jüngerer Fachwerkbauten gemacht werden können. Gerade die Frühgeschichte des Fachwerkbaues ist noch nicht vollkommen erforscht, zumal heutige Dokumentations- und Datierungsmethoden Möglichkeiten bieten, deren sich Frau Teepe-Wurmbach noch nicht bedienen konnte, obwohl ihr ein reicherer Hausbestand zur Verfügung stand als er heute erhalten ist. Umbauten haben viele der seinerzeit untersuchten Häuser entstellt, etwa die Hälfte der von Frau Teepe-Wurmbach aufgeführten Häuser steht heute nicht mehr. Mit dem verblieben Rest schonender umzugehen, ihn aber auch weiterhin zu erforschen, bleibt eine Aufgabe.

Wir widmen dieses im Gedenken an Frau Teepe-Wurmbach herausgegebene Buch Herrn Prof. Dr. Josef Schepers, dem Ehrenvorsitzenden des Arbeitskreises für Hausforschung, und Herrn Dipl.-Ing. Herbert Kienzler als engagiertem Siegerländer Hausforscher.

G. Ulrich Großmann, Brake, Januar 1988

Index

Schriften des Arbeitskreises für Hausforschung

Jahrbuch für Hausforschung

unter dem Titel:
Niederschrift über die Tagung des Arbeitskreises für deutsche Hausforschung)

1/195o	Büdingen	(Münster 1951)	vergr.
2/1951	Burghausen	(Münster 1952)	
3/1952	Cloppenburg	(Münster 1953)	vergr.
4/1953	Monschau	(Münster 1954)	vergr.
5/1954	Säckingen	(Münster 1955)	
6/1955	Schleswig	(Münster 1956)	vergr.

unter dem Titel:
Bericht über die Tagung des Arbeitskreises für deutsche Hausforschung e.V.

7/1956	Traunstein/Villach	(Münster 1957)	
8/1957	Goslar	(Münster 1958)	
9/1958	Freiburg i.Br.	(Münster 1959)	
1o/1959	Heppenheim i.O.	(Münster 196o)	vergr.
11/196o	Lübeck	(Münster 1961)	
12/1961	Aachen	(Münster 1962)	
13/1962	Passau	(Münster 1963)	vergr.
14/1963	Münster i.W.	(Münster 1964)	
15/1964	Eßlingen	(Münster 1965)	
16/1965	Braunschweig	(Münster 1966)	
17/1966	Trier	(Münster 1967)	
18/1967	Konstanz	(Münster 1968)	
19/1968	Bayreuth	(Münster 1969)	vergr.
2o/1969	Detmold	(Münster 197o)	
21/197o	Husum	(Münster 1971)	
22/1971	Eschwege	(Münster 1972)	

unter dem Titel:
Bericht über die Tagung des Arbeitskreises für Hausforschung e.V.

23/1972	Bentheim-Zwolle	(Münster 1973)
24/1973	Landau/Pfalz	(Münster 1974)

25/1974 Chur (Schweiz) (Münster 1975) vergr.

unter dem Titel:
Jahrbuch für Hausforschung
26/1975 Regensburg (Münster 1976) vergr.
27/1976 Visby/Gotland (Detmold 1977)
28/1977 Salzburg (Detmold 1978)
29/1978 Zagreb (Detmold 1979)
zugleich in serbokroatisch erschienen (Zagreb 1979)
3o/1979 Lüneburg (Detmold 198o)
31/198o Neuenburg/Schweiz (Münster 1981) vergr.

zusätzlich mit dem Thementitel:
32/1981 Marburg (Detmold/Marburg 1981)
= Inventarisation und Dokumentation - Bürger- und Bauernhäuser in Hessen
33/1982 Bad Windsheim (Sobernheim/Bad Windsheim 1983)
= Hausbau im Mittelalter
34/1983 Lyon/Frankreich (Sobernheim/Bad Windsheim 1984)
= Hausbau in Frankreich vergr.
35/1984 Lübeck (Sobernheim 1986)
= Hausbau in Lübeck
36+37/1985+1986 Münster (Sobernheim 1987)
= Hausbau in Münster und Westfalen
38/1987 Schwäbisch Hall (Sobernheim 1988, im Druck)
= Hausbau im 19. Jahrhundert

Sonderbände
Bauernhäuser aus Mitteleuropa, Aufmaße und Publikationen von Gerhard Eitzen (Sobernheim/Bad Windsheim 1984)

Hausbau im Mittelalter II (Sobernheim/Bad Windsheim 1985)

Hausbau im Mittelalter III - Festschrift für Josef Schepers zum 8o. Geburtstag (Sobernheim 1988)

Beiträge zur Hausforschung (BzHsf)

Band 1/1975	mit hauskundlichem Literaturbericht Nord-Deutschland 1971-1975	(Detmold 1975)
Band 2/1976-79	(in Vorbereitung)	
Band 3/198o-81	mit hauskundlichem Literaturbericht Nord-Deutschland 1975-198o	(Sobernheim 1983)
Band 4/1984	Spätmittelalterlicher Fachwerkbau in fränkischen Städten, von J. Hähnel	(Kommern 1982)
Band 5/1985	Hauskundliche Bibliographie Deutschland 1981-1984	
Band 6	(im Druck)	(Sobernheim 1988)
Band 7	Das Bauernhaus des Siegerlandes, von A. Teepe-Wurmbach	(Sobernheim 1988)

Beiträge zur Hausforschung, Reihe B
Hauskundliche Bibliographie 1961-197o (ab Band 5 1961-1975)

Band 1 Deutschland 1961-197o, 1. Teil	(Münster 1972)	vergr.
Band 2 Deutschland 1961-197o, 2. Teil	(Detmold 1974)	vergr.
Band 3 Österreich, Schweiz 1961-197o	(Detmold 1975)	vergr.
Band 4 Italien 1961-197o	(Detmold 1977)	
Band 5 Spanien und Portugal	(Münster 198o)	
Band 6 Frankreich, 1. Teil	(Münster 198o)	
Band 7 Frankreich, 2. Teil	(Münster 198o)	vergr.
Band 8 Belgien, Luxemburg, Niederlande	(Sobernheim 1985)	
Band 9 Großbritannien und Irland	(Sobernheim 1987)	

Mitteilungsblätter des Arbeitskreises für Hausforschung

o	1981 (Probenummer)
1-4	1982
5-8	1983
9-12	1984
13-17	1985 (davon Nr. 15 als Auszug aus Nr. 16, Tagungshinweis)
18-2o	1986
21-23	1987